中国（河南）
自由贸易试验区发展报告

2024

河南财经政法大学中国（河南）自由贸易试验区研究院

编

中国商务出版社
·北京·

图书在版编目（CIP）数据

中国（河南）自由贸易试验区发展报告. 2024 / 河南财经政法大学中国（河南）自由贸易试验区研究院编. 北京：中国商务出版社，2024.11. -- ISBN 978-7 -5103-5478-6

Ⅰ. F752.861

中国国家版本馆 CIP 数据核字第 2024EV7253 号

中国（河南）自由贸易试验区发展报告（2024）
河南财经政法大学中国（河南）自由贸易试验区研究院　编

出版发行：中国商务出版社有限公司
地　　址：北京市东城区安定门外大街东后巷 28 号　　　邮　　编：100710
网　　址：http://www.cctpress.com
联系电话：010—64515150（发行部）　　　010—64212247（总编室）
　　　　　010—64243656（事业部）　　　010—64248236（印制部）
责任编辑：王　静
排　　版：北京天逸合文化有限公司
印　　刷：北京九州迅驰传媒文化有限公司
开　　本：710 毫米×1000 毫米　1/16
印　　张：10.5　　　　　　　　　字　　数：154 千字
版　　次：2024 年 11 月第 1 版　　　印　　次：2024 年 11 月第 1 次印刷
书　　号：ISBN 978-7-5103-5478-6
定　　价：98.00 元

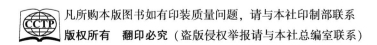

编 委 会

前　言

建设自贸试验区是党中央、国务院在新形势下全面深化改革和扩大开放的重大战略举措。党的十八大以来，习近平总书记多次对自贸试验区建设作出重要指示，强调发挥好改革开放排头兵的示范引领作用，把自贸试验区建设成为新时代改革开放的新高地。党的二十大报告提出"加快建设海南自由贸易港，实施自由贸易试验区提升战略"，对自贸试验区建设作出新的战略部署。

作为我国第三批自贸试验区，河南自贸试验区设立 6 年来，紧紧围绕"两体系、一枢纽"战略定位，以制度创新为核心任务，以可复制可推广为基本要求，大胆试、大胆闯、自主改，在投资管理、贸易便利、金融开放、事中事后监管、多式联运等多个领域积极探索，很好地发挥了改革开放综合试验平台作用，改革创新能力和建设发展水平明显提高。

2023 年，河南自贸试验区聚焦制度创新、产业发展、开放通道、对标高标准国际经贸规则等方面谋划推进自贸试验区提升工作，持续保持强劲的制度创新势头，贸易、投资、金融、法律、要素保障等方面制度创新取得新突破，现代产业体系加快构建，枢纽功能持续提升，全力打造国内国际双循环战略重要支点，朝着建设内陆高水平对外开放门户枢纽和推进制度型开放重要平台的目标蹄疾步稳迈进，加快建设成为新时代改革开放的新高地。

《中国（河南）自由贸易试验区发展报告（2024）》通过图表、数据、专栏等形式，系统总结了 2023 年河南自贸试验区建设的最新进展和成效，详细介绍了郑州、开封、洛阳三个片区的发展，并对自贸试验区提升战略问题进行了专题研究。希望本报告能够为国内外各界朋友全面了解河南自贸试验区发展状况，为共同推进河南自贸试验区高质量发展提供有益的参考。

编　者

2024 年 9 月

目　录

第一部分

综合发展篇

ZONGHE FAZHAN PIAN

2023 年，河南自贸试验区深入贯彻落实习近平总书记关于自贸试验区建设的重要指示批示精神，学习贯彻党的二十大"实施自由贸易试验区提升战略"要求，紧紧围绕国家赋予的"两体系、一枢纽"战略定位，以制度创新为核心，大胆探索、勇于突破，稳步推进制度型开放，在深化改革、扩大开放、促进产业发展、推进"两体系、一枢纽"建设、打造开放平台等方面成效显著，充分发挥了改革开放综合试验平台作用，极大释放了改革创新红利，为服务国家战略和河南经济社会发展作出了重要贡献。

一、全面深化改革持续推进，制度创新取得新突破

2023 年，河南自贸试验区立足战略定位，持续推进贸易投资便利化，着力营造良好制度环境，优化体制机制，强化系统集成创新，特色化、集成化制度创新成效显著，以贸易投资便利化为核心的政策制度体系不断健全。

（一）政策制度体系日趋完善

河南自贸试验区不断理顺体制机制，完善工作推进方式，凝聚各级各部门支持自贸试验区建设的强大合力，着力推进首创性、集成式创新，形成了丰富的制度创新成果。截至 2023 年年底，累计取得重要改革创新成果 559 项，其中 18 项全国推广，一大批改革经验全省推广。

一是出台 2.0 版建设方案。印发《中国（河南）自由贸易试验区 2.0 版建设实施方案》，明确 2023—2025 年 6 方面 52 项改革任务。同时，印发政务、监管、金融、法律、多式联运 5 个 2.0 版建设专项方案。省自贸办、省委改革办建立台账，跟踪推动 2.0 版建设重点任务落实。2023 年年底，9 项已完成，23 项进展明显，20 项正在推进，任务进展率超过 60%。

二是政务服务持续优化。着力打造在"一网通办"前提下以"最多跑一

次"为核心的政务服务体系品牌。"多证合一"改革持续推进，企业集群注册制度、企业简易注销改革全面实施。"证照分离"改革全覆盖，建立综合统一的行政审批机构，简化审批事项和流程。建成事中事后综合监管平台，以信用为基础的事中事后监管体系不断完善。创新推出"事项申报全程自助、业务受理全程自动、审批结果即时获取"的"智能秒办"政务服务新模式。推进政务服务"一件事一次办""综合窗口"改革，促进政务服务跨系统、跨部门、跨业务层级协同办理，实现企业开办"一网办理、一窗办结、一次办妥"。推进涉企服务"三免一全"，实现数据免报即清、政策免查即至、奖励免申即享。启用郑州市移民事务服务中心，外国人居留许可等高频事项"一窗办理"。创新推出"政银企合作"代办工商登记"直通车"服务模式。建成"一网办、不见面、一次也不跑"全程电子化登记系统。探索个体工商户集中地登记改革。推出"345'有诉即办'"政务服务新模式。2023年8月，开封片区顺利通过国家级社会管理和公共服务标准化试点项目终期验收。

三是投资管理体制改革深入推进。印发《关于深入推进自贸试验区建设开展制度创新试点工作的通知》，推出经营主体"一业一证"改革、畅通经营主体退出渠道等11项试点任务。出台《关于在中国（河南）自由贸易试验区强化公平竞争政策实施的意见》，扎实推进公平竞争政策实施。探索实施人防制度改革，降低企业项目投资成本。推出"企业开办大礼包"，包括办理营业执照、刻制印章、银行开户通知单、惠企政策等服务，实现企业开办"七合一"，助力企业实现拎"包"经营。

四是贸易监管方式加快转变。依托国际贸易"单一窗口"，全国首创"通关模式智选菜单"，从18种通关物流组合模式中智选最优方案，通关时效提升20%。创新"区港联动一体化模式"，海关、机场同步优化流程，通关时效提升60%，成本降低50%。建立出口货物检验检疫证单"云签发"平台，开展出口食品生产企业备案模式创新，探索对临时进口压力容器实施"验证管理"，推出采信第三方认证结果，实现出口食品生产企业备案模式。创新跨境电商零售进口药品协同监管模式，打通跨境电商零售进口药品通关监管业务流程。郑州片区推进跨境电商零售进口药品试点扩展至新郑综合保税区。创新跨境电商企业所得税核定征收实施路径，企业缴税更加自觉主动，降低了税务部门征管难度。建立离岸贸易监测预警制度，推动离岸贸易合规有序发展。郑州海关和匈牙利机场海关开展点对点合作，纳入《中匈海关保障供应链互联互通合作备忘录》。

五是金融服务持续拓展。探索郑州商品交易所期货保税交割出口模式，打通 PTA 交割出口堵点。优化期货市场标准仓单登记查询服务，防范融资和贸易风险，在仓单确权案件中为司法审判提供确权依据。郑州商品交易所上市期货期权品种达 10 个，期货期权品种累计达 41 个，2023 年菜籽油、菜籽粕、花生期货及期权引入境外交易者，首次实现油品油料产业链所有品种对外开放。首支合格境外有限合伙人（QFLP）基金试点获批，首笔资本金成功汇入。拓展铁路运输单证金融服务试点，制定完善融资租赁公司外债便利化试点业务操作细则，推出"政银企研所"多方协同多元化金融服务模式，打造外资外贸金融专项服务平台，构建"电子口岸+金融服务"一站式办理新模式，推出"区块链平台+银行+信保"出口应收账款融资模式，构建特色金融服务体系助力文化产业发展。创新"外综服+跨境电商"进口押汇模式，减轻跨境电商企业资金占压。开封片区国家文化出口基地的文化金融创新服务案例入选国家文化出口基地第三批创新实践案例，获得国家级复制推广。洛阳片区开展银行外汇展业改革试点，推动银行外汇业务流程再造，解决对优质企业用汇"单单审""逐笔核"的耗时耗力问题。

六是法律服务不断创新。构建"金枫讼爽"诉源治理模式，有效解决金融案件存量大、调解率低、审理周期长等问题，推动金融纠纷多元化解和金融审判创新发展。郑州片区出台《关于建立郑州市国际商事纠纷多元化解决中心诉调对接工作机制的实施意见》《郑州市中级人民法院涉外商事案件审判指引》《关于涉外商事纠纷诉讼、调解、仲裁多元化解决一站式工作机制建设工作方案》等文件，建立涉外商事纠纷一站式解决机制。依托郑州大学、河南财经政法大学建立涉外法治人才培养基地。郑州国家知识产权创意产业试点园区、郑州片区人民法院等 14 家单位联合发起《知识产权领域对接国际高标准经贸规则郑州倡议》。洛阳片区与河南科技大学共同建设省级涉外法治人才协同培养创新基地；创新建立"递进式商事纠纷多元化解模式"，有效解决了法院裁判柔性不足、调解刚性不够的症结，该经验做法被最高人民法院《司法改革动态》刊发，在全国复制推广。

七是要素保障更加夯实。郑州片区首创技术"能力交易"新模式，联合高校梳理 600 余项技术能力清单，智能匹配企业技术需求，技术交易由"研发后"前置为"研发前"，交易额 1.56 亿元。集成创新推进数据流通交易，郑州数据交易中心构建国内首个数据分类分级交易规则体系，制定《数据产权登记规则》等 17 项数据交易规则，上线数据产权登记平台、数据经济服务平台、数字资产交易平台，完成数据交易 365 笔，交易额 6.3 亿元。洛阳片区推出"退引结合盘活低效用地"创新举措，明确低效工业用地认定标准、认定程序、处置方式和引导政策。"探索用地制度改革，实现'拿地即开工'"改革经验入选《中国自由贸易试验区发展报告（2023）》。

（二）差别化创新持续推进

各片区结合功能定位和发展实际，不断求新求变，着力推进差别化、系统集成创新。郑州片区围绕打造多式联运国际性物流中心、开封片区围绕建设服务贸易创新发展区和文创产业对外开放先行区、洛阳片区围绕打造国际智能制造合作示范区，深化跨区域、跨部门、跨行业系统集成创新，推进新领域、新业态、新模式突破性创新，拓展多平台、多渠道、多主体联动性创新，取得显著成效。

郑州片区出台《中国（河南）自由贸易试验区郑州片区多式联运国际性物流中心建设实施方案》。在多式联运、跨境电商等重点领域形成全国首创成果 22 项，其中 4 项在全国复制推广，"网购保税 1210 服务模式"向海外反向复制。郑州机场成为国家首家支持建设的空港型国家物流枢纽和中部地区第一个国际邮件枢纽口岸（全国第四个）。开展中欧班列（中豫号）进口邮件和出口邮件运邮试点，郑州成为全国首家打通国际邮件陆路运输双向通道的城市。根据国家邮政局、商务部、海关总署等八部门印发的《关于国家邮政快递枢纽布局建设的指导意见》，郑州已成功入选全球性国际邮政快递枢纽承载城市。

开封片区加快文化产业开放先行区建设，聚焦"艺术品交易"和"文化金融"先行先试，创新打造"自贸+文化"发展模式，着力推动特色文化产业对外开放创新发展。国家文化出口基地搭建一站式文化出海配套服务，打造特色文化产业海外展示交易平台等一揽子措施，实现文化贸易进出口结构优化，文化企业进出口降本增效，有效带动文化贸易规模迅速增长，文化市场主体活力持续增强。开封片区联合中国人民银行开封市中心支行，通过设立特色金融服务机构，创新特色金融服务产品，建立特色金融发展机制，助力特色文化产业高质量发展。2023 年，开封片区 2 项案例入选《国家文化出口基地第三批创新实践案例》，在全国复制推广。截至 2023 年年底，开封片区累计实现文化产品进出口总额约 1.7 亿美元，吸引 1295 家文化企业入驻，是挂牌前的 35.9 倍；文化及相关产业市场主体占企业总数约 50%，产业增加值占 GDP 比重约 25%。

洛阳片区围绕打造"国际智能制造合作示范区"定位，以制度型开放为重点，聚焦投资、贸易、金融、创新等领域，探索形成"研究—复制—创新—推广"的"链动式"制度创新机制，截至 2023 年年底，累计形成 221 项改革创新成果。《"四链融合"促进洛阳老工业基地转型升级》入选全国自贸试验区第四批"最佳实践案例"。产业转型示范区建设、新材料及智能装备科创小镇建设等 3 项制度创新成果被国家发展改革委作为典型经验复制推广。《生物制品类兽药与非生物制品类兽药经营许可"两证合一"改革》等 20 项制度创新成果入选"河南自贸试验区最佳实践案例"，在全省复制推广。2023年，围绕智能制造发展，推出"打造新型工业化产业示范区""探索中试熟化链条创新""创新产业培育机制""打造'内孵外延'企业融通型载体"等创新举措。2023 年，实现主导产业产值 750 亿元，其中智能装备制造产业产值 391.8 亿元，电子核心产业产值 185.8 亿元，新能源产业产值 162.2 亿元。

（三）复制推广成效显著

2023 年，国务院印发《关于做好自由贸易试验区第七批改革试点经验复制推广工作的通知》。河南省自贸办、省委改革办联合印发第五批 15 项最佳实践案例，累计 77 项在全省推广。出台《河南省复制推广自贸试验区制度创新成果试行办法》，健全改革创新—复制推广工作闭环。设立 10 个自贸试验区联动创新区，开展复制推广、制度创新、产业发展、平台建设联动，更好发挥自贸试验区引领带动作用。系统梳理国家层面已推广的 349 项制度创新成果落实情况，除不具备复制推广条件的 41 项，应复制推广的经验 308 项。从全省看，已推广 302 项，因正在推动或无市场主体诉求暂未全省推广 6 项，整体推广实施率为 98%。

二、产业集聚成效初显，现代产业体系加快构建

深入践行新发展理念，推动制度创新与产业发展深度融合，探索推进全产业链开放创新，加速集聚优质要素，加快推进产业发展模式创新，提高要素配置效率，制度红利不断转化为产业发展动力，自贸试验区逐步成为产业高质量发展的引领者和示范者。

（一）产业集聚成效初显

市场主体不断壮大。2023 年，河南自贸试验区新设企业 2.01 万家，增长 15.1%；注册资本 1428.7 亿元，增长 19.6%。截至 2023 年年底，累计新设企业和注册资本分别为 13.2 万家、1.8 万亿，分别是挂牌前的 4.9 倍、6.6 倍。2023 年实际使用外资 1.81 亿美元，增长 132.1%，占全省 24.1%；货物进出口额 505.7 亿元，占全省 6.2%；税收 399.1 亿元，增长 57.7%，占全省 7.3%。2023 年，郑州片区新入驻企业 1.66 万家，新签约重大项目 118 个，签约总额 764 亿元。截至 2023 年年底，开封片区累计入驻企业 7071 家，是挂牌前的 39.5 倍，其中超亿元企业 197 家，超十亿元企业 25 家，已累计入驻 40 余家 500 强企业及上市公司、行业龙头企业。截至 2023 年年底，洛阳片区累计入驻企业 2.43 万家，是挂牌前的 5.54 倍，入驻世界 500 强企业 31 家，国内 500 强企业 27 家。

主导产业集群初具规模。郑州片区形成以上汽、中铁盾构、郑煤机、京

东物流等龙头企业为代表的汽车及零部件、装备制造、现代物流3个千亿级主导产业集群，物流业营业收入突破2000亿元，金融业增加值达439.7亿元。2023年，经开区块签约项目16个，签约总额200多亿元；郑东区块签约项目59个，签约总额427亿元，引进中航建设集团华中区域总部项目、中原超级总部基地项目、河南省元宇宙科创产业园、郑州东站东广场利信置业五星级酒店项目等头部企业项目；金水区块新签约中国南水北调集团功能性总部、中菜实业河南总部等项目43个，签约总额137亿元，洽谈对接重点项目28个；开封片区招大引强聚产能，大力发展高端装备及汽车零部件主导产业。奇瑞汽车KD出口基地作为开封综合保税区的首批项目，填补了河南全域特殊监管区汽车KD出口产业空白，2023年实现整车出口2万台，实现出口额约17.14亿元。河南平原智能装备增势迅猛，出口额达1.11亿元，较前10个月新增7733.87万元。2023年1月5日，总货值2亿元的平原智能汽车涂装生产线出口正式发运，打开了更广阔的国际市场。开封市奔腾智能装备产业园（一期）达产，首台套激光设备正式下线；洛阳片区着眼发展"风口"产业集群，大力发展智能装备制造、电子核心产业、新能源三大"战略性新兴产业"和兽用生物制品及疫苗制造一个"培优产业"。累计实施十一期"三个一批"项目52个，总投资646.23亿元，2023年43个省市重点项目完成投资203亿元。2023年片区规模以上工业主导产业总产值750亿元，培育了中航光电、中航锂电、普莱柯、麦斯克等一批行业龙头企业，规模以上企业达376家，主板及新三板上市企业14家。

专栏1.1

创新产业培育机制 大力发展"风口"产业集群

洛阳片区大力发展科技含量高、成长性强的"风口"产业，通过把创新落到产业上、把产业落到"风口"上，精准招引"风口"产业产业链关键环企业。

推动传统产业变革，明确"风口"产业主攻方向。系统梳理"风口"产业的发展趋势，综合分析其与洛阳片区产业链、供应链的契合情况，确定了光电元器件、高端精密轴承、耐火材料、智能农机装备、航空装备、生物医药、电子显示材料、新能源电池、特色精细化工、人工智能等10个重点发展的产业集群，制定产业集群发展方案，细化形成重点提升企业清单、重点项目清单、重点产业园区清单、重点招商企业清单、重点创新平台清单等"五大清单"。

扭住产业变革关键环，推动"风口"产业集群发展。精准招引"风口"产业产业链关键环企业，带动上下游、左右链产业集聚。改变传统产业招商方式，围绕产业链关键环精准招商。提升产业发展协同能力，引导鼓励企业加快组建产业联盟、行业协会，推动集群内企业形成更加紧密的协作关系。

突出科技创新引领，增强"风口"产业发展动能。加快构建与发展"风口"产业相匹配的科技创新体系，着力破解制约"风口"产业发展的技术瓶颈。打造高能级创新平台，加快重塑重振洛阳高新区，高起点重塑重构实验室体系，加快建设智慧岛和科技产业社区，统筹推进产业研究院、中试基地、孵化平台建设。着力强化人才支撑，精准实施人才政策，坚持"引育用服"协同发力，构建以企业需求为导向的"1+22"人才政策体系。持续深化科技体制改革，支持高校院所深化科技成果使用权、处置权和收益权改革。

培育优质市场主体，夯实"风口"产业发展基石。加大对优质企业的支持力度，提高服务企业针对性。推行"一企一案""一需一策"服务措施，推动尚未开展研发活动的企业与驻洛科研院所、高校等加强对接，引导已开展研发活动的企业开展创新型企业认定、研发平台建设等创新活动。遴选500多家创新能力强、市场前景好、发展速度快的高成长性企业重点培育。实施高新技术企业倍增行动，培育一批高新技术企业。

创新运营投资方式，聚合"风口"产业发展资源。积极招引产业运营商、探索产业投融资新模式，为"风口"产业发展注入强劲动力。加强政府与产业运营商的合作，推动产业运营商根据产业园区发展定位，主导制定

"风口"产业发展规划和实施方案，紧盯产业链发展图谱对接引进产业发展资源。抓好"风口"产业投融资，健全政府引导资金"募、投、管、退"机制，建立"引导基金+市场化基金+投贷联动"的多元化投融资体系，用市场化手段撬动更多社会资本进入"风口"产业领域。完善政府资金投入方式，变资金政策奖补为市场化有偿投入。

（二）现代产业体系加快构建

郑州片区推动主导产业发展，形成高端装备制造、汽车制造、电子信息、生物医药4个第二产业，现代金融、现代物流、电子商务等8个第三产业以及数字产业的发展格局。发展壮大先进制造业，加快落实《郑州市进一步加强制造业高质量发展若干政策》。依托富士康高端手机机构件升级改造智能制造项目发展智能终端产业；依托中铁高端智能化装备产业园项目发展高端装备产业；依托郑煤机产业园等项目发展智能制造产业；依托安图生物产业园项目、中源协和华中区域细胞制备中心等项目发展生物医药产业。培育发展战略性新兴产业和未来产业，依托海马汽车混合动力乘用车研发及产业化等项目加快新能源及智能网联汽车产业发展；依托中原科技城智慧产业创新园、腾讯（中原）智慧产业总部项目发展元宇宙等战略性新兴产业。

开封片区以高端制造为引领，围绕高端装备及汽车零部件、战略性新兴制造业、农副产品及食品加工三大主导产业，探索"政府+龙头企业"绿色发展管理服务模式，打造绿色供应链产业链。着力推动文化产业对外开放与创新发展，大力发展文化贸易，持续开展"文化出海"。探索形成了"聚焦国际化构建艺术品交易全链条服务体系"等制度创新成果。设立"一处一行三中心"，为探索艺术品交易全产业链配套服务提供了坚实保障。依托国家文化出口基地累计实现文化艺术品进出境货值约12亿元，国内及回流的文化艺术品拍卖累计成交额超5000万元。积极发展医疗健康产业，开封康必恩医学检验实验室筹备建设"凡知医学（中原）精准医疗研究院"项目，全力推进贝威科技新药研发、凡知医学精准医疗研究院等项目。以河南大学医学院、药学院等优势学科资源为基础，探索"政、产、学、研、介"协同共赢的园区运营服务模式，成为辐射全国、具有国际影响力的医疗医药科研服务园区。持续培育楼宇经济，截至 2023 年 10 月底，自贸大厦累计入驻企业 2626 家；绿地中部创客中心入驻企业 20 家，累计注册 46 家；中关村智酷人才与产业创新基地累计完成落地创新主体 74 家，上市或行业头部企业 6 家，合作平台 7 个。大力发展金融产业，截至 2023 年 10 月底，已吸引入驻金融类企业 100 余家。

洛阳片区围绕"打造国际智能制造合作示范区"的发展定位，加快重点项目建设，着力打造光电元器件、半导体材料、智能成套装备、氢能及储能、先进有色金属新材、兽用生物制品及疫苗六大产业链条，加快布局产业链延链强链发展关键环节。2023 年，主导产业实现产值 750 亿元，其中智能装备制造产业聚集了中信重工、双瑞特装、河柴重工等 102 家规模以上企业；电子核心产业聚集了中航光电、麦斯克等 7 家规模以上企业；新能源产业聚集了中航锂电、赛美科技、双泊能源等 25 家规模以上企业；兽用生物制品及疫苗制造产业聚集了普莱柯、普泰生物等 4 家规模以上企业；科技型中小企业 950 家，高新技术企业 350 家；在 2023 年度全省首批智慧岛考核中，洛阳周山智慧岛获评"优秀"档次。

专栏 1.2

洛阳片区加快重点项目建设

洛阳片区累计实施省市"三个一批"项目百余个。智能装备制造产业，推进关键零部件和高端产品研发，落地格力智能制造产业基地项目、轨道交通高效成型磨削技术及产业化项目等。电子核心产业，以麦斯克、洛阳单晶硅等企业为基础，发展多晶硅、单晶硅、大尺寸硅抛光片、外延片及硅芯炉等，打造硅半导体产业链条。麦斯克电子材料股份有限公司年产 360 万片 8 英寸硅外延片项目已开工。以中航光电为龙头，大力发展高速光电连接器及整套应用解决方案，中航光电高端互连科技产业社区已开工。新能源产业，以洛阳新能源汽车产业园为载体，整合中航锂电、双洎能源、嘉盛新能源等产业链上下游企业，巩固和提升动力电池在国内市场的优势地位，推动新能源客车、新能源专用车等产业化发展。其中，氢沄（河南）新能源项目一期已经顺利投产，40 台氢燃料电池系统发货交付，标志着"洛阳造"氢燃料电池系统实现规模化应用。兽用生物制品及疫苗产业，依托普莱柯等龙头企业，加快开发新一代基因工程疫苗、联合疫苗、动物疫病新型疫苗及绿色高效兽药产品，推进非洲猪瘟等新型疫苗研发与产业化，普莱柯生物生产基地生物制品改扩建项目已竣工，普莱柯 P3 实验室项目已竣工，并通过国家认可委现场验收进入试运营阶段。

（三）政策保障不断强化

郑州片区落实《郑州市进一步加强制造业高质量发展若干政策》，着力优化制造业高质量发展环境，加快建设国家先进制造业高地。筹划出台《关于加快推进中原科技城协同创新发展的若干意见（征求意见稿）》等政策，加强创新主体培育和企业自主创新能力，提升创新载体发展实力。印发《2023 年郑州市数字经济发展工作方案》《郑州市元宇宙产业发展实施方案（2023—2025 年)》《郑州市元宇宙产业发展若干政策》等政策措施，组织编制《郑州市元宇宙产业发展规划》。

洛阳片区先后出台了"1+N"政策体系，即"1"个综合性政策《关于支持自贸试验区洛阳片区高质量发展的若干措施》，"N"个专项产业发展政策。针对洛阳片区重点产业，制订了《企业提质倍增梯次培育行动方案》《推进"头雁人才"行动实施办法》《支持创新创业孵化载体高质量发展的实施办法》《企业分类综合评价实施方案（试行)》《洛阳综合保税区开展保税维修业务工作方案（试行)》《洛阳片区支持氢能产业发展若干措施（试行)》《支持光电元器件产业发展的扶持政策》《石化贸易类产业园入区政策》等。

三、强化"两体系、一枢纽"战略定位，枢纽功能持续提升

紧扣国家赋予的"建设现代立体交通体系和现代物流体系，建设服务于'一带一路'的现代综合交通枢纽"战略定位，全面推进多式联运国际性物流中心建设，创新实践"空铁陆海"多式联运，持续推进"空陆网海"四条丝路协同并进，促进交通区位优势加快转变为枢纽经济优势。

（一）全面推进多式联运国际性物流中心建设

充分发挥综合交通枢纽优势，以多式联运为抓手，加快探索多式联运发展新思路，建设"互联互通、物流全球、一单到底"的多式联运服务体系，推动多式联运国际性物流中心建设。

一是加快构建物流枢纽网络。出台《中国（河南）自由贸易试验区郑州片区多式联运国际性物流中心建设实施方案》，全面推进国际空港、国际陆港"双港工程"建设。大力推进郑州机场三期工程、航空港站建设，建立快速直达的机场和航空港站联运货运通道，将航空港站打造成为中国首个空铁联运的综合性货物集散中心、河南"米"字型高铁核心节点，集郑州机场、航空港站等为一体的立体综合交通枢纽正在形成。郑州机场成为国家首家支持建设的空港型国家物流枢纽和中部地区第一个国际邮件枢纽口岸（全国第4个）。开展中欧班列（中豫号）进口邮件和出口邮件运邮试点，郑州成为全国首家打通国际邮件陆路运输双向通道的城市。

二是不断健全多式联运标准体系。在全国率先推行《货物多式联运服务合同（示范文本）》，探索多式联运"一单到底"全程服务模式。航空集装箱货物整板车被工业和信息化部、交通运输部采纳，在北京、上海、武汉等机场推广应用。《空陆联运厢式运输半挂车技术要求》通过国家标准立项评审。航空电子货运操作规范提交至全国行业协会，推动作为国家团体标准立项。多式联运铁路运输"一单制"信息平台投入运营。发布《多式联运货物运输量计算方法》等3项省地方标准和《多式联运经营人服务规范》等3项团体

标准。

三是口岸功能日趋完善。郑州片区拥有航空、铁路 2 个一类口岸，新郑、经开 2 个综合保税区，汽车、粮食、邮政等 9 个功能性口岸于一体的"2+2+9"口岸体系。铁路场站吞吐作业能力可达 45 万标准箱。依托功能性口岸，中欧班列（郑州）实现了全线双向运邮贯通，通关效率大幅度提高，整体通关时间较 2017 年相比压缩一半，实现"7×24"小时高效通关服务。

（二）"空陆网海"四条丝路协同并进

一是"空中丝绸之路"加快拓展。郑州机场新增郑州至日本和南亚的第五航权航线配额，扩大经郑州至美国的第五航权覆盖范围。全货机航线拓展至 49 条（国际地区 32 条），通航城市 61 个（国际地区 43 个）。郑州—卢森堡空中丝绸之路国际合作论坛、中国—马来西亚航空货运枢纽项目入选第三届"一带一路"国际合作高峰论坛成果清单。"航空货运电子信息化"入选国务院印发的自贸试验区第七批改革试点经验，中国民航局下发《关于印发河南机场集团航空货运电子信息化试点经验的通知》，在全国推广。15 家航司在郑州开展电子运单业务，电子货运信息平台应用企业超过 260 家，实现在郑州运营航空物流企业全覆盖。郑州机场国际快件中心正式运营，郑州国际邮件枢纽口岸完成进出口邮快件 848.1 万件、增长 16.9%。2023 年，郑州机场货邮吞吐量突破 60.8 万吨，全国排名第 6 位。洛阳片区加快推进机场三期建设工程，持续推动国内外航线增加，在确保"乌鲁木齐—洛阳—曼谷"国际客运航线稳定运营的基础上，继续对接相关航空公司开辟洛阳至东南亚和日韩等方向的国际航线。2023 年，洛阳机场旅客吞吐量 116 万人次，同比增长 72.7%。

二是"陆上丝绸之路"提质增效。2023 年，中欧（亚）班列开行 3269 列，总量突破 1 万列、居全国第三，2023 年下半年综合质量评价月度排序保持在全国前三、返程开行量居全国首位。新开通郑州—圣彼得堡线路，新增同江出入境口岸，新开行至东盟农产品出口和水果冷链回程专列，形成了"22 站点、8 口岸"的国际班列物流网络体系。中欧班列（郑州）跨境商品处理分拨中心验收通过。开通至莫斯科、乌兹别克斯坦、老挝三条 TIR 国际公路货运线路，累计运输 149 车次。郑渝高铁确认列车快件批量运输试点启动。洛阳片区全面提升东方红国际陆港服务能力和水平，向西开行洛阳直达中亚、俄罗斯的国际货运班列；在稳定开行"洛阳—宁波港"铁海联运班列的基础上，常态化开行"洛阳—青岛港"铁海联运班列。2023 年，东方红（洛阳）国际陆港完成国际集装箱吞吐量 3.4 万标准箱，超额完成 2.6 万的年度目标；探索开行中欧进口班列和中老（中国—老挝）铁路货运班列，中欧班列开行 171 列、同比增长 242%。

三是"网上丝绸之路"高效便捷。扩容优化郑汴洛互联网国际通信专用通道，加快跨境电商运营模式、规则和标准创新突破，打造集电商、仓储、物流、购物、旅游、餐饮、娱乐等多种业态于一体的"网上丝绸之路"。2023 年，郑州片区跨境电商交易额 1261.61 亿元，同比增长 6.69%。

四是"海上丝绸之路"日益畅达。海铁联运城市和班列扩容加密，拓展连接 21 世纪海上丝绸之路，建设东向、南向为主的铁海联运国际通道，深化与沿海港口合作，完善陆港衔接体系。相继开通并不断加密至青岛港、连云港港、舟山港、北仑港、太仓港、杨浦港、钦州港等铁海联运班列，计划开辟至广州、海南、云南线路，谋划建设郑州港，有序推进内河水运和河海联运建设。2023 年，郑州中心站海铁联运到发集装箱 40689 标准箱。

四、开放平台能级提升，联动促进持续增强

加快开封、洛阳综合保税区建设，航空和铁路口岸开放门户地位明显提升，口岸、海关特殊监管区不断完善，贸易、投资、产业、展会等各类开放平台作用日益凸显，高水平对外开放门户枢纽加速形成。

（一）综合保税区建设步伐加快

2023 年 2 月，开封综合保税区顺利通过国家正式验收，7 月正式封关运行。服务进出口企业 40 余家，涵盖加工制造、保税维修等多个产业方向以及

一般贸易、跨境电商等多种业务模式，已完成进出口总货值约 36.14 亿元。开封国际陆港铁路专用线入选河南省首批区域物流枢纽建设布局，其中非涉铁部分施工已全部完成，2024 年上半年完成电力通信联调联试，年底前正式开通班列货运业务。

洛阳综合保税区建立了以市国资平台为主导的市场化运营机制。2023 年，积极推进洛阳综合保税区二期建设，中国 500 强洛阳国宏集团入驻综合保税区，引进中国物流、中国外运等 6 家外向型平台公司，引入报关行 3 家、货代企业 5 家、物流企业 4 家，签约项目 28 个，围网内注册企业达到 55 家。"1210"跨境电商进口业务规模持续扩大，吉乐富跨境供应链公司设立马来西亚海外仓。2023 年，洛阳综合保税区进出口额突破 33 亿元。

（二）开放平台联动互促进一步增强

郑州新郑综合保税区与郑州新郑国际机场是郑州航空港经济综合实验区两大对外开放高地。2022 年，利用郑州机场北货运区建成投用之机，在原有"区港联动"基础上，积极探索"区（新郑综合保税区）港（空港口岸）一体化"发展新模式。2023 年 4 月，"区港一体化"发展模式正式启动运行，实现货物在区港间高效流转和自由进出"一线"，"保税+空港"优势进一步叠加放大。

专栏 1.3

综合保税区与空港口岸实行"区港一体化"发展模式

利用新郑综合保税区和郑州机场北货运区物理空间相连优势，在两者之间搭建"区港一体化"卡口，开辟直连通道，实现两个区域"零距离"无缝连接。依托海关智慧监管系统，海关部门对新郑海关（负责新郑综合保税区）、机场海关两个关区业务流程等进行整合重构，区港之间通关作业实现了"一个系统、一次理货、一次查验、一次提离"，形成了以平台融合为基础，以信息互通、监管联动、服务共享为手段，以产业协同发展为目标的"区港一体化"创新发展模式。

优化海关物流监控系统。依托海关智慧监管实现区港之间货物信息、物流信息共享和自动比对，"区港一体化"卡口核放单根据机场货站分拨数据自动生成、自动申报、自动放行，减少企业操作环节，货物自动无感放行。

简化海关监管作业流程。取消传统"区港联动"模式下的事前审批等操作，空运出境货物可在综合保税区内口岸作业区实现"区内前置安检打板—区港一体化卡口—口岸机坪直装"一站直达。

扩大区港联动覆盖范围。空港口岸的通道功能、枢纽功能和综合保税区的保税功能、仓储功能等得到有机融合，实现货物在综合保税区内口岸作业区、保税功能区与口岸功能区之间高效流转和自由进出"一线"。"区港一体化"模式涵盖一线进口、一线出口、进口分拨、出口调拨等业务类型。

实现顺势监管。将综合保税区主卡口、内卡口以及机场卡口的三者功能整合到"区港一体化"卡口，区港之间货物流转无须再经过社会道路，全程在海关特殊监管区域内进行，利用区内监控视频实施顺势监管，真正实现管得住、放得开、通得快。

洛阳片区为提高企业进出口通关效率和资金周转率，促进洛阳综合保税区与东方红陆港进行业务深度融合。一拖集团出口巴西的 14 台东方红拖拉机及其配件完成通关试单并顺利进驻保税仓库，成功开出"港区联动第一单"。2023 年，由哈萨克斯坦驶出的中欧班列（中豫号）抵达洛阳综合保税区，是洛阳片区首列以"通关一体化"方式在综合保税区完成货物报关的国际回程专列，为洛阳进出口货物通关改革提供了样本。

（三）拓展对外开放合作平台

一是推进 RCEP 示范区建设。郑州片区落实《郑州市建设 RCEP 示范区实施方案》任务，上线应用"智享惠"企业关税享惠服务平台，设立河南省

RCEP 企业服务中心。截至 2023 年年底，RCEP 企业服务中心窗口共受理办结 RCEP 原产地证书签发等各类业务 10283 件。强化区域合作联动，就 RCEP 示范区建设与青岛达成合作意向。搭建交流合作平台，广西壮族自治区贸促会、青岛市贸促会、包头市贸促会、郑州片区管委会共同主办 2023 年重点外贸外资企业 RCEP 专题培训班，以政策宣传培训帮助外资外贸企业进一步掌握 RCEP 政策。

二是搭建产业合作平台。开封片区版权工作站试点顺利落地开封片区国家文化出口基地，被河南省版权局认定为"版权示范单位"。河南中日（开封）国际合作产业园于 2023 年 2 月 8 日正式获批，入选河南省首批 4 个国际合作园区。获批中国（河南）自贸试验区国际艺术品保税仓，分别在阿联酋迪拜、德国汉堡、美国洛杉矶、拉脱维亚设立 17 个海外仓；2023 年年初与保利（厦门）国际拍卖有限公司先后举办线上及线下拍卖会 3 场，成交总额达 3100 万元，举办了"欧洲当代艺术绘画展"等一系列活动，扩大了知名度和影响力。洛阳片区积极融入共建"一带一路"，探索"一轴双园区"（一轴即中亚班列，双园区即海外园区洛阳—布哈拉农业示范区和国内国际农产品冷链物流园）模式，引导先进农资、农机、农技和农业运营模式等农业全产业链走出去。在乌兹别克斯坦建设洛阳—布哈拉农业综合示范区，被评为"首批省级境外农业合作示范区"。支持华瀚（洛阳）国际贸易有限公司与蒙古铁路国有股份有限公司合作筹建中蒙产业园，推进与蒙古国的焦煤、铁精粉、铜精粉、天然气、牛羊肉等大宗货物贸易。

三是推进展会平台建设。举办第三届中国自由贸易试验区发展论坛，交流自贸经验，深化互学互鉴。积极参加进博会自贸试验区建设十周年宣传推介，航空电子货运试点、跨境电商零售进口退货中心仓等图片及盾构机模型入选成就展。郑州片区连续举办七届全球跨境电商大会、七届中国（郑州）国际期货论坛、首届郑州—卢森堡"空中丝绸之路"国际合作论坛，高层次、高规格论坛成为制度创新、产业对接、规则标准创设研讨的重要载体平台。开封片区积极参加 2023 年拉巴特国际书展，设计"中国故事"展台，成功展出 500 余件文创产品；在澳门成功举办"第五届豫澳美术文化交流展——拓古传真之中国古代石刻艺术拓片展"活动；在吉尔吉斯斯坦举办共建"一带一路"展览活动，获得吉尔吉斯斯坦副总理埃迪尔·拜萨洛夫的肯定；在台湾设立河南（开封）自贸试验区国际艺术品高雄征集处，成功搭建了海峡两岸艺术品回流的桥梁。洛阳片区与泰国正大集团签订合作备忘录，以泰国正大集团为支点，在开通国际航班、引进国际游客、推动商业业态等方面深化合作。中国洛阳—泰国曼谷文化旅游推介会在泰国首都曼谷举办。

五、联动创新持续深化，自贸红利充分释放

（一）加快推进"双自"联动

郑州片区建立"双自"联动工作机制，会同郑州市国家自主创新示范区建设领导小组办公室联合印发《关于建立自贸试验区、自创区"双自"联动工作推进机制的通知》，以制度创新和科技创新"双轮驱动"，高位推动"双自"联动融合发展。洛阳片区实施自贸试验区、国家自主创新示范、国家级高新区、综合保税区和跨境电商综试区"五区"融合，加强自贸试验区与自主创新示范区政策联动支持、机构联动协作、平台联动共享、资本联动增效、人才联动培养、科技联动创新，做大做强高端制造业，建设全国重要的智能装备制造、新材料、机器人产业基地。

> **专栏1.4**
>
> #### 深入推进"双自"联动 叠加释放创新能效
>
> 洛阳片区紧抓国家自主创新示范区与自由贸易试验区两大战略机遇，通过构建"双自"联动融合机制、加强政策创新和产业联动、打造"双自"联动人才高地等举措，充分释放"双区叠加"效应，加快提升区域创新体系整体效能，持续增强转型发展的动力和活力。
>
> 抓好顶层设计，建设"双自"联动融合机制。洛阳片区、高新区、自创区、综合保税区、跨境电商综试区"五区"融合初步完成，洛阳片区管委

会加挂洛阳高新区管委会、综合保税区管委会牌子，实行"三块牌子、一套班子"，有力推动自贸试验区、自创区联动发展。出台"双自"联动专项实施方案，聚焦投资促进、企业服务、行政管理等，强化制度创新成果应用，探索将科创改革举措上升到制度层面。

加强政策创新和产业联动。强化国家自创区和自贸试验区发展规划衔接，促进"双自"联动，制度创新与技术创新相互借力、优势互补，实现资源要素对接流通、产业发展互补互促、政策体系互通互融。一是制度创新带动科技创新。坚持自贸试验区制度创新成果优先在自创区复制推广。通过深入开展行政审批制度改革，自创区内企业可以直接享受自贸试验区政策。借助自贸试验区通关便利化制度，促进企业跨境研发便利化。二是科技创新助推制度创新。中航光电、普莱柯等科技领军企业充分发挥创新的企业主体地位，推动了河南省首笔委托境外加工贸易跨境收支结算、全国首创生物制品类兽药与非生物制品类兽药经营许可"两证合一"等改革试点的落地，拓展了制度创新应用场景，加速国家自创区和自贸试验区新旧动能转换及产业升级。

打造"双自"联动人才高地。修订完善《推进"头雁人才"行动暂行办法》，健全高水平人才激励和保障机制。制定引才清单，靶向引进培养一批具有国际水平的战略科技人才、科技领军人才、青年科技人才和高水平创新团队，壮大工程师和高技能人才队伍。通过创新柔性引才等举措，促进人才流动，探索推进国际人才职业资格的有效互认或先认，打造面向全球的人才发展环境。借助省级权限下放自贸试验区，紧贴民营企业专业技术人才特点和工作实际，出台《洛阳市民营经济组织专业技术人员职称评定工作办法》，破解民营经济人才职称评审瓶颈，激发了民营企业科技创新活力。

（二）推动联动创新区建设

建设联动创新区是自贸试验区拓展改革创新空间、更大范围释放制度创新红利的重要举措。2023 年 12 月，经河南省政府批复同意，在郑州、开封、洛阳、新乡、焦作、许昌、三门峡、南阳等地市"划片"设立首批中国（河南）自由贸易试验区联动创新区。联动创新区立足共创、共享自贸试验区制度红利，推进制度协同创新、改革经验推广、产业协同发展、开放平台协同打造，为加快现代化强省建设注入新动能、提供新支撑。

郑州片区积极推动郑州高新区、管城回族区、中牟县、二七区的部分区域申建河南自贸试验区开放创新联动区，推动创新、政策、产业协同联动，巩固"两体系、一枢纽"战略定位，积极打造先进制造业、现代服务业全产业链产业集聚高地。开封市政府出台《开封市落实〈中国（河南）自由贸易试验区开封联动创新区建设总体方案〉的实施方案》，全面推进开封片区与兰考经济技术开发区、开封产城融合示范区、杞县先进制造业开发区的协同发展，以更加有力的举措推进开封联动创新区建设，把开封联动创新区建成全省的示范标杆。开封片区强化辐射带动，自贸试验区兰考飞地经济产业园成功挂牌。洛阳市政府出台《中国（河南）自由贸易试验区洛阳开放创新联动区建设实施方案》，深入推进洛阳片区与洛阳国家经开区、西工区等联动创新申建区域在协同开放、制度开放、产业发展、服务带动等方面协同发展，共同打造内陆改革开放新高地。

（三）扎实推进片区协同

郑州、开封两片区实施"郑开同城 自贸通办"，实现跨片区通办，减少两片区企业往返成本。首批通办事项共 255 项，涵盖企业设立、项目建设、企业经营、注销等企业全生命周期，以线上与线下相结合的方式，充分发挥自贸试验区先行先试优势便企利民，引领中原城市群一体化发展。郑州、开封两片区加强产业合作，郑开汽车及零部件外贸产业基地获批，力争打造全国领先的郑开汽车产业集群。

（四）加快推进省际协同合作

围绕服务区域重大战略，加强省级合作，促进区域协同发展。牵头黄河流域沿黄 9 省（区）组建自贸试验区联盟，在政府服务、平台合作、市场合作、产业合作、项目合作等方面建立常态化工作机制，促进沿黄区域协同发展。郑州片区与黑龙江自贸试验区绥芬河片区建立战略合作关系；加强与新亚欧大陆桥沿线 9 个自贸片区协作，推动"新亚欧陆海联运通道自由贸易试验区联盟"发展；与广西自贸试验区钦州港片区建立沟通合作机制，畅通西部地区陆海新通道，进一步打开与东盟及粤港澳大湾区合作通道。开封片区与豫川云陕鄂 5 省 9 地政务服务"跨省通办"，联合山东、陕西等自贸试验区及当地海关创新构建黄河流域"端到端"全程物流新模式，联合安徽省合肥市蜀山区、湖南省长沙市、江西省景德镇市、湖北省武汉东湖高新技术开发区、湖南省醴陵市 6 个中部地区国家文化出口基地，推动中部国家文化出口基地共建。洛阳片区与深圳前海等 13 个自贸试验片区发起成立全国自贸片区创新联盟；与前海蛇口等片区围绕创新研究、创新评估、组织创新培训和交流等方面加强区域发展协同，深化产业互利合作，发挥洛阳共建"一带一路"重要节点城市，以及前海蛇口自贸片区共建"一带一路"倡议支点的特色和优势，共同拓展创新合作新格局；落实与川南临港、红河、杨凌、宜昌等 6 个片区签订的"跨省（区域）通办"合作协议，实现了企业投资项目备案、股权出质登记等 81 项高频事项跨省（区域）通办；与福建厦门片区在制度创新、综合保税区、国企平台、开放通道等方面开展合作。

第二部分
制度创新篇
ZHIDU CHUANGXIN PIAN

2023 年，河南自贸试验区主动对标国际经贸新规则，稳步推进制度型开放，强化系统集成创新，在投资、贸易、金融、法律、要素资源等领域深化改革探索，深入推进政府职能转变，破解深层次矛盾和结构性问题，制度创新取得显著成效。

一、投资自由化便利化

（一）深化投资管理改革

郑州片区大力推进商事登记系统集成创新，率先探索"多证合一"，开展集群注册服务，实施企业登记实名验证系统，推进企业登记全程电子化改革，大幅简化登记手续，营造规范市场环境，实现企业登记零跑腿，企业开办时间压缩至 1 个工作日以内。编制"全要素"事项清单，"全市域"实施施工图审查政府购买服务。工程建设项目实现"服务八同步、拿地即开工"，审批时间压缩至最长 61 个工作日。涉企经营实现清单之外无审批，减轻了企业的办事成本。开封片区探索个体工商户集中地登记改革，放宽市场主体住所登记条件，已服务个体工商户 144 户，平均每户每年节约租金超万元。洛阳片区设立外资外贸"单一窗口"，提供"一站式"服务，办理外资外贸企业的设立、变更、注销等业务，实现外资外贸企业准入、退出"一窗"办理，为企业提供"一站式"全流程服务，企业办事由"一事跑多窗"变"一窗办多事"，材料由"反复提交"变"共享获取"，平均办理时长减少 50% 以上。推出"建好即验收"创新单体竣工联合验收模式改革成果，打破了以往项目需整体竣工后再进行验收惯例，实现工程竣工验收提速。创新推行药品（乙类非处方）、经营企业、医疗器械经营许可（第三类除外）"先证后查"，将现场核查环节置于许可证领取之后，企业提交申请材料时，通过承诺即可领取经营许可证，实现边筹备边经营，企业申请材料减少近60%，行政审批效率提速80%以上，便利市场主体准入准营。

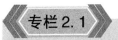

专栏2.1

开封片区探索个体工商户集中地登记模式

明确集中地入驻标准。为解决个体工商户在创业初期无实体办公场所的难题，减少租赁房屋的成本和压力，市场监管局自贸试验区分局制定了《入驻集中地个体工商户管理办法》，在片区内从事商贸行、网络、科技、装潢、信息咨询、广告等，以及适合托管服务的个体工商户，通过与集中地管理机构签订经营场所托管协议，选择入驻个体工商户集中地。市场监管部门在营业执照上加注"集中登记地"。

加强集中地管理。通过采取备案制，在片区内选取适合业务开展的固定场所及专业管理服务机构设立个体工商户集中地，备案有效期1年。建立个体工商户集中地管理机构的审查、备案、退出机制，市场监管部门对集中地管理机构进行定期、不定期检查，实施动态管理。对出现管理混乱的集中地管理机构，按照个体工商户虚假注册占比、失联占比、年报率等情况，分别给予警告、责令整改、取消集中地资格等相应处罚。

指导依法合规开展经营。入驻集中地后，个体工商户需遵守《入驻集中地个体工商户管理办法》，合法经营，依法纳税，并提供真实联系方式确保可随时通知联络。集中地服务机构提供法律、会计、税务等特色服务，并负责市场监管部门与个体户之间的通知转发。对入驻个体工商户要求解除经营场所托管协议的，集中地服务机构在督促个体工商户办理住所变更登记等相关手续后，再解除托管。

（二）健全投资服务体系

郑州片区实施多举措健全投资服务体系。一是多次赴外资外贸企业进行调研座谈。了解企业外资外贸发展情况，为企业排忧解难。二是建立专人专访机制。针对合同外资金额超过 100 万美元的新设外资企业进行专人专访，一对一向近期有进资意向的外资企业重点督促指导。三是举办跨境金融便利化政策宣讲会，探索银企合作机制、搭建银企合作平台。四是编制外商投资指引，修订完善重点外资企业"服务官"制度，印发《外商投资宣传册》，创新推动建立港澳籍人民陪审员库，健全区内投资促进和保护体系。

洛阳片区通过建立机制和搭建平台，不断健全外资服务体系。实施外商"服务管家"机制，2023 年出台《关于印发〈关于鼓励外商投资的实施意见（试行）〉》《高新区（自贸试验区洛阳片区、综合保税区）关于服务外商投资项目落地实施方案》，对服务机制进一步优化完善。畅通"线上+线下"政企沟通渠道，"线上"及时发布各类权威政务信息及相关政策法规，企业通过微信群随时表达诉求、反映问题，提出意见和建议。健全外商投诉机制，完善外商投资重点企业和重点项目联系制度，设立外商投诉热线，对外商反映的问题实行"直通车"服务。

开封片区在投资项目领域探索实施工业类项目人防制度改革，会同开封市人防办探索实施物流仓储用地建设项目配建防空地下室普惠降标改革，为丰树物流项目节约建设成本 650 万元，促进了一批跨国投资项目的建设投产。在此基础上，将人防审批制度改革扩展至工业类项目，通过实施"一降一免一选择"制度改革，进一步增强政策普惠性。为解决商事登记制度改革中"一照多址"企业涉及的税务主管机关不明确所带来的各种问题，开封片区结合实际情况，首次明确规定主管税务机关，弥补制度漏洞，消除税务监管盲区，避免出现重复管理、多头管理、无人管理的现象，使"区内注册、区外经营"更加规范。

专栏2.2

开封片区探索实施工业类项目人防审批制度改革

降低防空地下室核算标准。将自贸试验区开封片区范围内的企业投资工业项目中，除工业生产厂房及其配套设施以外的所有非生产性建筑的防空地下室修建标准，由其一次性规划新建或者新增地上总建筑面积的百分之七，调整修建比例为百分之二。

免于履行人防义务。将自贸试验区开封片区范围内的企业投资工业项目中用于科研的建筑设施，及财政投资的非工业项目、省级以上重点项目、经认定的专精特新项目中用于生产性质的厂房及其配套设施（含科研），参照现行工业项目中工业生产厂房及其配套设施执行标准，免于履行人防义务。

自选履行人防义务方式。探索实施对于建设项目没有规划地下室或建设单位没有地下空间开发利用需求的非商业开发类项目，建设单位可根据项目实际需要，申请以缴纳易地建设费的方式履行人防义务，减轻企业负担。

专栏2.3

开封片区明确"一照多址"企业主管税务机关管辖权

制订管理办法，明确职责分工。根据国家税收征收管理实施细则及相关要求，区税务局制定《明确"一照多址"企业主管税务机关的管理办法》（以下简称《管理办法》），对于同时存在注册地址、生产经营地址的"一照多址"企业，明确以营业执照中生产经营地的所属税务机关为主管税务机关，负责各项税务工作。注册地址的所属税务机关做好协同工作，如涉及特殊税务事项，按照相关规定执行。涉及"一照多址"的总分机构可在主要生产经营地的所属税务机关统一办理相关业务，无须再赴各分支机构所在地的税务机关重复办理。

做好宣传引导，加强跟踪服务。《管理办法》出台后，通过上门服务、电话回访、企业微信群、政务服务大厅咨询窗口、网络信息平台等多种途径，向"一照多址"企业纳税人进行告知说明，并在新注册"一照多址"企业完成登记后及时告知提醒。同时，做好企业跟踪服务，主动倾听企业诉求，及时发现问题，不断提升服务质量。

（三）发展境外投资合作

郑州片区持续推进境外投资合作，马来西亚—河南青创合作中心隆重揭牌；河南卢森堡中心顺利建成，吸引世界 500 强、上市公司、头部企业入驻。金水区知识产权快速维权中心获批国家海外知识产权纠纷应对指导中心河南分中心受理处，通报海外知识产权热点事件，预警海外知识产权纠纷风险，了解企业面临的海外知识产权保护问题，为企业及时有效地防范海外知识产权风险提供针对性的意见建议。截至目前，已经为 4 家企业提供了海外知识产权风险应对建议。

洛阳片区设立以来，大力支持本土制造业龙头企业"走出去"，促进与共建"一带一路"国家深度合作。中国一拖是首批进驻中国—白俄罗斯工业园的中方企业之一，在吉尔吉斯斯坦、哈萨克斯坦等国建立组装厂，"东方红"拖拉机占据吉尔吉斯斯坦 90% 的市场份额。洛钼集团通过大规模海外资源并购晋级稀有金属世界级龙头企业，现已发展成为资产营运遍布亚洲、非洲、大洋洲、南美洲四大洲，资产超千亿元的跨国矿业集团。中信重工在共建"一带一路"国家设立 7 家境外机构，产品和服务覆盖 68 个国家和地区，已成为全球领先的矿业装备供应商和服务商。

二、贸易便利化

（一）拓展国际贸易"单一窗口"功能

郑州片区于 2016 年 12 月上线单一窗口，相继完成一期、二期项目建设，连通包括综合保税区、保税物流中心等在内的全省所有海关特殊监管区域，以及包括航空、铁路口岸等在内的全省各类功能性口岸；在功能范围上，上线各类业务 140 余项，覆盖口岸大通关全流程，服务跨境电商、一般贸易、加工贸易等多种贸易形态，实现了企业通关业务"一网通办"；目前已吸引 4 万余家企业入驻，服务上下游企业 7 万余家。依托国际贸易"单一窗口"，率先推出"通关模式智选菜单"，通关效率提升 20%，平台业务规模、运营效能和服务水平均居全国同类型平台第一方阵，成为河南与世界贸易联通的"门户"。

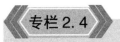

首创"通关模式智选菜单"应用

郑州海关积极探索智慧海关应用场景创新，依托国际贸易"单一窗口"，首创"通关模式智选菜单"应用，给传统申报模式插上智选服务的"翅膀"，推动政策供给"智"通"最后一公里"。

搭建"通关模式智选菜单"应用平台。针对企业对"两步申报""铁路快通"等海关通关、物流改革政策不善于组合应用的难题，依托国际贸易"单一窗口"，创新推出"通关模式智选菜单"应用系统，实现企业在系统内勾选运输方式、商品属性、预期货物查验与提离地点、预期报关单申报与缴税时间、是否申请快通业务选项后，系统即可结合企业填报的商品、物流特征和需求，自动匹配最优"通关+物流"组合模式，并同步推送通关预期值，企业根据推荐模式自主开展报关操作，进而打通优化营商环境政策落地"最后一公里"。

打造"单一窗口"政务服务新模式。一是智选问诊，提供通关模式定制服务。建立铁路运输、航空运输、海关特殊监管区域等多业务场景通关模式数据库。采用 NLP 技术，进行 AI 场景交互，实现"零基础"企业也可通过"通关模式智选菜单"应用获取量身定制的"管家式"服务。二是智能办理，集成"一站式"服务平台。在通关模式智选基础上，增加"政策推送与解读""业务流程概览""通关后续事项""统计分析"模块。汇集事前政策推送、事中一键申报、事后补充申报等业务需求，打通数据应用全流程，"一站式"为企业提供数据接入、统一申报、分析应用等系列功能，实现企业办理业务"一通到底"。三是智享信息，打通关企互联互通新桥梁。在企业用户端提供自助式分析功能，实现企业申报历史可视化分析，并设置智能客服，形成以"智问""智读""智答""转人工客服"为一体的企业端智能决策体系。通过深化数据应用、强化关企联动，实现分类帮扶，方便企业评估通关成本，灵活调整外贸计划。

洛阳片区国际贸易"单一窗口"连通了包括商务、海关、税务、铁路口岸等多部门，上线应用出口退税、口岸收费查询、原产地证自助打印、贸易服务、第三方检测各类业务 142 项，实现了企业通关业务的"一网通办"。截至 2023 年年底，已吸引千余家外贸企业入驻，服务上下游企业万余家。

（二）持续推进通关监管模式创新

郑州片区探索实施原产地证书"信用签证"监管服务新模式。首创国内期货市场出口保税交割模式，制定符合海关及期货交割流程的 PTA 保税交割创新方案，结合境外买方提交割申请与车（船）板交割，为境外客户参与出口类商品期货创造了高效合规途径。提高跨境电商通关便利化和监管效率，全面实行无纸化通关、"即报即备"、"即查即放"等举措，大幅提高通检效率；建立"提前申报、快速核放、分类监管、质量追溯"的监管方式，确立跨境电子商务 B2C 进出口标准化监管流程。为高标准建设中欧班列（郑州）集结中心，提升郑州铁路场站作业能力和海关监管效率，郑州片区着力打造中欧班列智慧场站管理系统，优化郑州铁路口岸中心站海关监管区和郑州国际陆港多式联运监管区转关申报流程，在企业通关、场站作业和海关监管三个方面，通过"提前报关+自动运抵+查验共享信息+无纸化调拨"的联动模式，实现自动运抵报告、集装箱分类管理、无纸化调拨，极大提升了通关便利化水平。创新"区港一体化"管理模式，实现"一次申报、一次理货、一次查验、一次放行"，通关时效提升 60% 以上，企业运输成本降低 50% 以上。

专栏2.5

打造中欧班列智慧场站管理系统　实现关铁信息融合共享

实行提前报关，自动生成运抵报告。运用智慧物流管理系统手机移动应用端和中心场站受理端功能，为进场车队及货主方便快捷提供进箱预约（入）、提箱预约（出）、查询实时流量、派单等服务；通过在线受理，货主获取预约场站车辆进场信息，合理安排入场车辆时间，为中心站管理部门提前测算场站作业量提供支持，辅助进场前车辆管理，强化场站进场流量控制，有效缓解场站拥堵。应用物联网技术，集装箱到达监管区后，智慧场站卡口系统自动识别生成运抵报告发送海关内网，缩减了企业申报运抵报告环节。

实行集装箱分类管理，实现无纸化调拨。通过布控集装箱管理平台，设置企业提前预约查验功能，场站第一时间获取集装箱查验状态，提前合理摆放布控集装箱位置，并自动进行分类堆放、无纸化调拨，企业无须人工报送运抵报告、等待海关查验信息通知传递给铁路场站，以及集装箱翻箱调拨等工作，极大减少了集装箱多次移位翻箱布控的工作量。

实行海关、场站信息互通共享，实现监管查验协同。在郑州铁路口岸通关管理方面，通过信息交换系统的应用，在铁路集装箱中心站实现海关、铁路场站的业务流程、数据信息优化整合，为口岸企业提供综合申报、监管区进出场管理、货物运抵申报等一站式通关服务；同时通过海关、铁路场站之间的信息共享，建设包含货物调拨、AR 场站管理等的系统功能，提升郑州集结中心场站的海关辅助监管智慧化。

洛阳片区在通关监管、通关便利化水平提升、通关智慧化水平提升等方面进行一系列探索，取得一定成效。全国率先开展出口食品生产企业备案模式创新，通过采信第三方体系认证结果，免除现场检查，办结事项由 20 个工作日缩短为 3 个工作日。探索对低风险暂时进口气瓶实施"验证管理"监管，暂时进口气瓶进口后，使用单位提交物权所在国家（或地区）官方授权的第三方检验机构检验合格证明文件，避免重复检测，大幅缩短了暂时进口气瓶的流转周期，免除了检测费用，降低了使用成本。围绕进出口企业关注度比较高的进出口商品申报、纳税、提离等问题，推出进口 10 种、出口 8 种"通关+物流"组合模式，通过"一站式"服务，帮助企业尤其是"新手"企业解决"在哪申报、怎样最省、怎样最快"的通关难题。2023 年，洛阳片区率先建立出口货物检验检疫证单"云签发"平台，实现出口货物海关检验检疫证书数据电子化，通过"云签发"模式签发检验检疫证单 328 份。

专栏2.6

助力通关再提速　洛阳海关"云签发"模式上线

全天候线上申报。进出口货物收发货人或者其代理人可通过中国国际贸易单一窗口或"互联网+海关"实现"7×24"小时在线办理海关出口货物属地查检及出口检验检疫证书申请手续，并可参考数据库预设的23种证书模板，自主录入基本信息，实时补录关键要素。此外，新系统还向企业提供在线预约查检功能，进一步提升通关效率。

在线签发电子证书。企业提出出口检验检疫证书申请后，对于一些低风险、未被布控的货物，不用人工审单，系统会自动核放，秒出电子底账。海关工作人员通过系统对证书信息审核确认同意后，可直接在线生成签章并下发电子证书。

签发证书自助打印。企业可根据生产进度和出口计划灵活选择传统海关现场领证和"自助打印"两种模式。若选择自助打印，申请人可通过"云签发"直接打印海关签发的证书，证书申领全程信息化、数字化在线办理。对于采用"云签发"出具的证书，中国国际贸易单一窗口还可提供证书真伪查询功能。

（三）创新服务贸易发展机制

洛阳片区深度融入全球产业链、供应链，推动"洛阳产品"向"洛阳品牌""洛阳标准"转变，增强洛阳片区外贸发展能力。截至2023年10月，洛阳片区承接哈萨克斯坦、沙特阿拉伯等共建"一带一路"国家的服务外包业务，签约金额达到3000多万美元；承接泰国、越南等RCEP国家的服务外包业务，签约金额达到1900万美元。持续推进"高端装备制造+服务"、"工程+服务"国际化、信息技术"服务+"发展，加速形成有助于服务贸易业态创新的多元化、可持续发展模式。

（四）加快发展新型贸易业态

1. 推进跨境电商创新发展

郑州片区持续推进跨境电商领域系统集成化创新，累计探索形成28项创新案例，首创跨境电商"网购保税+线下提货"模式、跨境电商进口正面监管模式、跨境电商多模式综合监管模式、跨境电商零售进口退货中心仓模式等。跨境电商"1210"模式有效遏制了跨境商品"灰色通关"，得到世界海关组织认可，已推广至100多个国家和地区。2023年，推出创新跨境电商进口药品协同监管模式，打通跨境电商零售进口药品通关监管业务流程，成功验证了药品试点监管可行性，惠及药品消费者。创新跨境电商企业所得税核定征收实施路径，促进跨境电商合规发展。

专栏2.7

跨境电商进口药品协同监管模式

国务院批复河南开展跨境电子商务零售进口药品试点，海关、药监部门科学设计监管流程，构建跨部门协同共管机制，落实准入防控等措施，在全国首创跨境电商零售进口药品协同监管模式。

优化制度设计，打通"跨境电商+进口药品"通关流程。将试点业务全面纳入郑州海关跨境电商正面监管风险防控体系，覆盖试点药品通关事前、事中、事后全流程。在叠加应用跨境电商零售进口成熟的"三单比对"、清单申报通关模式的基础上，针对药品试点"跨境电商零售+进口药品"的双重特点，科学设计通关监管流程和方案，创新试点企业备案、试点目录准入、专用账册管理等措施，探索新增《试点目录进口药品品规确认单》，落实经"一线"进入海关特殊监管区域环节免予提交进口药品通关单要求，同时确保药监部门履行必要的质量监管职责。

突出协同治理，构建"海关—药监"跨部门协同监管机制。加强跨部门联系配合，厘清监管职责，不断凝聚与商务、市场监管、药监等部门的监管合力，研究制订跨境电商零售进口药品试点协同监管办法，从试点企业管理、通关监管、质量管理、实货监管、后续处置等六个方面明确对药品试点全业务流程监管要求，突出协同管理、严密监管链条。

强化系统支撑，满足药品试点个性化监管需求。创新提出试点安全准入管控思路，按照"能控尽控"和最小化系统改造的原则，通过在通关系统加载自动审核校验功能，确保进口药品种限制在国务院批复的试点目录范围内。在跨境电子商务管理系统增加跨境电商商务零售进口药品试点功能，在国际贸易"单一窗口"系统新增试点企业管理、试点药品规确认单申报管理、海关与药监部门监管信息交互等功能模块，实现企业数据"一站申报、多部门交互共享"。试点企业建立药品信息化追溯系统，实现试点目录内进口药品最小包装可追溯，全链条可核查。

专栏2.8

创新跨境电商企业所得税核定征收实施路径

郑州片区金水区块统一"关、汇、税"信息，打通跨境电商企业所得税核定征收落地路径，完善跨境电商产业生态。

设立线上园区，便利异地注册。创新"区内注册、区外运营"集群注册方式，设立跨境电商线上产业园。外地跨境电商企业无须实际经营场所，以企业住所托管地址注册登记股权关联公司，新设本地化法人单位。

创新备案机制，合规报关出口。改革前，跨境电商企业没有海外仓所有权证明或租赁协议的，无法办理海外仓备案登记，不能以跨境电商出口海外仓模式报关出口。改革后，为新设企业出具与外地跨境电商企业的股权关系证明，海关部门凭此证明为新设企业办理海外仓备案，新设企业以跨境电商出口海外仓模式合规报关、出口至关联公司海外仓。

拓展平台功能，数据统一留存。引入外综服平台，整合报关、结汇、报税、物流等服务功能。跨境电商订单、运单、收款单等数据自动推送给海关、税务和银行部门，生成记账报税数据。外综服平台以企业名义报关、结汇、报税，留存各环节业务数据，为税务监管提供透明可追溯的基础数据。

开展核定鉴定，实现核定征收。企业提交企业所得税核定鉴定表，在跨境经营主体明晰、企业数据精准可溯的基础上，税务部门审核完成企业所得税核定征收鉴定。外综服平台和跨境电商公共服务平台生成贸易数据，采用核定征收的跨境电商企业，按季度向税务部门申报销售额，年终汇缴时税务部门按照4%应税所得率核定征收企业所得税。

开封片区为破解跨境电商企业进口商品时的备货资金占用和资产占压问题，积极探索实施"外综服+跨境电商"进口押汇模式，向中国进出口银行申请开出了河南省第一单跨境电商信用证押汇业务，解决了跨境电商企业贷款融资难、市场渠道窄等限制企业发展的核心问题。

专栏2.9

探索实施"外综服+跨境电商"进口押汇模式

1. 跨境电商企业与综建发公司签订委托进口合同，委托综建发公司向外商进口货物。根据已签订的委托进口合同，综建发公司与外商签订进口合同。

2. 根据签订的进口合同，综建发公司向中国进出口银行申请开立信用证，中国进出口银行通过外商银行将开证通知发送给外商，外商收到银行开立的信用证后发货。

3. 中国进出口银行收到货运提单后进行审单，综建发公司留存货运提单扫描件并委托货代公司提货，办理押汇后中国进出口银行向外商支付货款。

4. 综建发公司与合作的跨境电商企业签订购销协议，根据购销协议，综建发公司以"1210保税跨境电商进口"模式将商品进口至开封综合保税区内，并通过跨境电商平台将商品销往国内。

5. 跨境电商企业将货款支付给综建发公司，在押汇到期时，综建发公司向中国进出口银行支付本金和利息。

2019 年，洛阳跨境电子商务综合试验区成功获国务院批复。2023 年，跨境电子商务综合试验区线上综合服务平台项目（一期）通过国家验收，实现跨境电子商务进出口业务数据的无纸化、电子化、自动化申报和管理，为跨境电商企业提供高效便利的口岸通关服务。片区河南吉乐富跨境供应链管理有限公司成功获得越南农业与农村发展部授权认证，推动该国拳头产品 ST25 大米首次进入中国市场，实现洛阳 1210 跨境电商进口零售业务新突破。鼓励跨境电商企业建设区域中心仓、分拨仓、前置仓，提升电商物流配送效率，带动外贸高质量发展。截至 2023 年年底，洛阳片区 10 余家企业已在 22 个国家和地区设立 36 个海外仓，总面积达 40.2 万平方米。

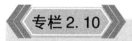

专栏2.10

创新"跨境电商+海外仓"模式

为进一步促进跨境电商新业态发展，洛阳片区探索实现"跨境电商+海外仓"模式，用以满足客户不同商品不同规模不同国家的差别化需求，推动对外贸易创新发展，助力外贸产业链供应链畅通运转，更好服务构建以国内大循环为主体、国内国际双循环相互促进的新发展格局。

聚力跨境电商新业态发展。充分利用自由贸易试验区、综合保税区、跨境电子商务综合试验区等政策叠加优势，促进跨境电商创新链、产业链、人才链、服务链、金融链、政策链"六链融合"，打造布局全球、内外联动的外贸跨境服务体系。重点做大龙头企业、平台企业、制造业跨境电商 B2B 出口规模，按照政策推动、市场运作、合理布局、分步实施的思路，持续开展保税进口业务，推动开展直购进口、保税展示交易、特殊区域进出口等多种监管模式跨境电子商务业务，支持企业申报省级外贸综合服务平台，推动贸易新业态示范发展，推动对外贸易创新发展。联合中国物流打造"跨境无忧"模式，丰富海外仓功能，并依托国内优选仓、全球海外仓及国际物流能力，为跨境企业提供多元化出口物流供应链解决方案。

全面支持跨境电商"1210"。跨境电商"1210"模式，具有响应订单快、运输时间短、综合运费低等优点，不仅可有效降低企业运营成本，还可为客户提供物美价廉的商品。洛阳海关从政策研究、业务流程、海关备案、账册审核、物流通关、技术保障等环节给予悉心指导，主动组织开展线上、线下业务培训，理顺业务流程，确保相关工作符合海关监管要求，推动跨境电商新业务规范有序开展，助力跨境电商业务成为洛阳外贸新的增长点，更好联通国内、国际两个市场。

大力支持跨境电商设立"海外仓"。海外仓的设立，不仅能缩短交货周期，提升存货周转率，降低物流成本，还能加强跨境供应链安全，提高跨境供应链协同效率，降低运输成本，为中小跨境电商企业出海，创造有利条件。支持传统外贸企业、跨境电商和物流企业等各类主体综合运用多种投融资方式，培育建设一批特色鲜明的海外仓。鼓励海外仓企业推介跨境电商综试区线上综合服务平台、国内外电商平台等，提供标准化、本地化、一站式的"质量控制"服务，匹配供需信息，提升海外仓数字化、智能化水平，探索建设海外物流智慧平台。

2. 大力发展文化贸易

开封片区依托国家文化出口基地，大力发展文化贸易，截至 2023 年年底，累计实现进出口总额约 12 亿元。积极推动文化出海。开封片区应邀参加 2023 迪拜"欢乐春节"大巡游活动。与河南航投文化旅游有限公司合作建立卢森堡文化交流中心项目，大力推动文化"走出去"。参加摩洛哥书展，将近 500 件文创产品 20 余种品类发往摩洛哥参展。做实国家文化出口基地。基地着力构建对外文化贸易服务新体系，持续推进国有博物馆文物藏品征集平台建设，稳步推进"中检·河南自贸试验区艺术品鉴证中心"中心业务，联合中国检验认证集团成功举办文化艺术品唯一性认证专场鉴定活动，鉴定文化艺术品 1200 余件，涉及书画、玉器、杂项等多种门类，价值千余万元，并持续开展书画艺术品征集活动，目前已经征集 90 幅；截至 2023 年 10 月，国潮街区招商入驻非遗传承人工作室、优秀文化出口企业 30 余家，非遗、老字号等文创商家 10 余家，新增展示商品 300 余件。做强中国河南国际艺术品保税仓。2023 年年初，与保利（厦门）国际拍卖有限公司达成合作意向，先后举办线上及线下拍卖会三场，成交总额达 3100 万元。举办了"欧洲当代艺术绘画展""国际艺术品回流特展（新加坡站）""西方经典油画展""第五届豫澳美术文化交流展——拓古传真之中国古代石刻艺术拓片展""花开盛世——牡丹文化艺术及文创展""开封北宋官瓷复烧 40 周年成果文化展"及"第五届苏颂钟表文化节暨首届苏颂名贵钟表博览会"等活动。

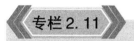

专栏2.11

构建对外文化贸易服务新体系

　　开封片区国家文化出口基地探索建设文化贸易外向发展基地，搭建一站式文化出海配套服务，打造特色文化产业海外展示交易平台等一揽子措施，实现文化贸易进出口结构优化，文化企业进出口降本增效，有效带动文化贸易规模迅速增长，文化市场主体活力持续增强。

　　探索建设文化贸易外向发展基地。一是建立全国第五座、中原第一座中国（河南）自贸试验区国际艺术品保税仓，构筑"保税+"文化出口全产业链条，重点发展保税物流、保税加工、保税研发、保税展示交易、保税仓储、跨境电商等业务，为出口文化艺术产品提供展示、仓储、交易、鉴证、担保、租赁等一站式服务；二是设立开封国家文化出口基地·双创园，汇集国内外优秀文化企业和产品，构建文化产品出海绿色通道，大幅节省出海手续办理时间；三是在中国台湾设立河南（开封）自贸试验区国际艺术品高雄征集处，开展系统化艺术品征集、回流、展示、溯源、销售等服务，成功搭建海峡两岸艺术品回流桥梁，成功举办国际艺术品回流特展；四是打造"以新媒体搭台讲好开封故事、服务招才引智和创新发展"的全新流量 IP，着力建设"秦朔朋友圈·中原会客厅"国际知名文化 IP，助力开封文化产业走向国际；五是与河南省版权登记平台合作建立中国（河南）自贸试验区开封片区版权服务工作站，为文化出口企业提供免费的海外知识产权维权服务，为基地内企业应对知识产权海外纠纷提供有力保障；六是携手中原银行设立了开封自贸试验区文化艺术支行，为文化企业提供原艺贷、艺分期、商艺贷等信贷金融产品与服务，解决文化贸易企业融资难问题。

搭建一站式文化出海配套服务。一是联合开封海关，免除文化艺术品进出境CCC证明，提供空运到港预申报"先入区、后报关"服务，保证文化产品当日完成入库审核，最快可实现当天通关；二是携手中国检验认证集团，共建中检·河南自贸试验区艺术品鉴定中心，为文化进出口商品提供检验鉴定与检测服务，进一步提升文化产品检验质量，大大缩减检验时间成本；三是依托开封综合保税区政策优势，设立文化产品运贸服务中心，通过中欧班列集货"出海"，为文化企业提供线上订舱、入区集货、堆场预约、政策申报等综合服务；四是联合重庆九州珍品、上海浦集等货运集团等机构，为文化产品提供包装、提货、订舱、托运、清关、提货、送货等专业物流服务。

打造特色文化产业海外展示交易平台。紧跟共建"一带一路"倡议，搭乘"千帆出海"东风，以欧美、中亚、中东、中非地区为"前进基地"，在阿联酋迪拜设立"中国·自贸试验区开封片区迪拜国际艺术品展示交易中心"，与河南大学在吉尔吉斯斯坦设立"中国·自贸试验区开封片区吉尔吉斯斯坦国际艺术品展示中心"，2022年先后向迪拜和吉尔吉斯斯坦两个海外中心运送了包括瓷器、团扇、刺绣、丝绸等几十种品类三千余件文化艺术品；受邀参加2023迪拜"欢乐春节"大巡游活动，向迪拜人民展示中华优秀传统文化；在澳门成功举办"第五届豫澳美术文化交流展——拓古传真之中国古代石刻艺术拓片展"活动，赴摩洛哥参加第28届拉巴特国际书展，组织500余件官瓷、汝瓷、汴绣、年画等河南文创产品亮相。联合河南航投集团在卢森堡共建"卢森堡河南文化交流中心"，以郑州—卢森堡"空中丝绸之路"为平台，全面整合双方海内外资源，让更多优秀中原文化在国际市场落地生根，推动中华文化"走出去"。

三、金融开放创新

（一）进一步开放金融市场

郑州市人民政府印发的《关于建设国家区域性现代金融中心的实施意见》明确：设立"自贸试验区金融创新奖"，对经管理部门认定的全国首单、全省首单金融创新，分别给予最高100万元和50万元创新补贴。郑州片区印发金融专项服务体系建设实施方案优化及提升方案，开展合格境外有限合伙人（QFLP）试点工作，印发实施《促进外商投资股权投资类企业发展实施办法（暂行)》。郑州商品交易所积极推进期货市场国际化，菜籽油、菜籽粕、花生期货及期权引入境外交易者，首次实现油品油料产业链所有品种对外开放。截至2023年年底，PTA期货，菜籽油、菜籽粕、花生期货和期权7个品种作为特定品种引入境外交易者，允许QFII、RQFII参与短纤期货和PTA、甲醇、白糖、菜籽油期货及期权9个品种。PTA期货作为国内首个化工特定品种成功引入境外交易者，提升了PTA期货价格国际市场影响力。波罗的海巴拿马型干散货船运价指数（BPI指数）期货获得证监会立项。首支合格境外有限合伙人（QFLP）基金试点获批，首笔资本金成功汇入。拓展铁路运输单证金融服务试点，为255家外贸企业提供外汇结算金额80.05亿元。制定完善融资租赁公司外债便利化试点业务操作细则。

（二）探索金融服务实体经济新模式

1. 维护良好金融秩序

洛阳片区加强业务真实性、合规性审核。建立健全内控制度，完善业务真实性、合规性审查机制。加强对片区内金融机构的信息安全管理，明确管理部门和管理职责。加强跨境资金流动风险监测。健全和落实单证留存制度，探索主体监管，实施分类管理，采取有效措施防范风险。搭建监管信息共享机制，协调金融监管部门，建立健全符合片区内金融业发展实际的监管指标，完善金融监管措施，防范金融风险，确保片区内金融机构的风险可控。

2. 优化金融服务供给

郑州片区着力推进商品期货、绿色金融等方面的创新，形成 67 项制度创新成果，其中全国首创 13 项。郑商所通过综合业务平台开展标准仓单买断式回购交易业务，探索了一条解决期货市场持有仓单客户融资难、融资贵问题的道路；优化期货市场标准仓单登记查询服务，防范融资和贸易风险，在仓单确权案件中为司法审判提供确权依据。开发全球首个鲜果期货苹果期货、国内首个干果期货红枣期货、我国特有油料期货品种花生期货。借鉴公募 REITs 设计思路，结合市场上资产证券化产品的特色和实践经验，全国首创地方法人金融机构发行全国银行间市场首单类 REITs 产品，项目规模 5.35 亿元，成为全国首单供应链行业并表权益类 REITs 产品。打造知识产权质押融资服务体系，为关联企业提供融资，发展贷款、保险、财政风险补偿捆绑的专利权质押融资新模式，提高金融支持创新的灵活性和便利性。发起设立"知识产权创意壹号"知识产权信托产品，运用市场价值规律对企业提供低息贷款，通过信托计划的到期终止和持续发行，实现有限的财政补助资金持续循环利用，支持更多企业获得知识产权融资。优化期货市场标准仓单登记查询服务，防范融资和贸易风险，在仓单确权案件中为司法审判提供确权依据。

专栏2.12

期货市场标准仓单登记查询系统

郑商所上线国内期货市场首个标准仓单登记查询系统，为期货市场参与者及社会公众提供便捷、权威的标准仓单登记信息查询服务，与现有交割库安全管理措施形成合力，保障标准仓单权属安全，防范虚开仓单风险，促进大宗商品流通，便利仓单融资。

全流程登记。标准仓单，是指交割库开具并经期货交易场所登记的标准化提货凭证，在期货市场实物交割中发挥着重要作用。郑商所不断完善标准仓单管理制度，依托电子仓单系统，对标准仓单从入库到出库的全流程进行登记，涵盖标准仓单注册、转让、质押、注销等各环节。

期货市场查询。此前，期货市场客户（在期货市场开户的相关大宗商品贸易商等法人机构）需要通过期货公司进行间接查询，且只能查询自己的标准仓单登记信息，查询效率低。系统上线后，客户可直接查询自己的标准仓单登记信息，经过其他客户授权后，还可以查询授权客户的标准仓单登记信息，系统自动生成加盖查询专用章的电子查询报告，提升了标准仓单登记的公示效果。通过查询，客户可以实时掌握相关客户的标准仓单持有情况，开展标准仓单交易前的尽职调查。

社会查询。此前，社会用户（未在期货市场开户的商业银行、大宗商品贸易商等）无法查询标准仓单登记信息。查询系统上线后，社会用户可通过社会查询入口，输入品种名称、仓库名称、仓房代码、垛位代码这4项检索条件，查询验证是否存在郑商所登记的标准仓单货物。该项查询功能借鉴国际经验进行"撞库"模式查询，采用检索条件与数据库信息比对的逻辑，查询结果仅显示"有"或"无"，最大程度保护标准仓单持有人的商业秘密，平衡登记公示公信力和商业秘密保护之间的关系。社会用户可利用该查询功能，进行贷款融资、大宗商品贸易前的尽职调查，核验交易对手的质押物或商品是否为期货市场标准仓单货物，防范融资或贸易风险。

洛阳片区着力构建服务实体经济的金融开放新制度，开创了以金融机构为核心，以政府政策体系为基础，依托国有投融资平台，再结合投资管理公司等新型金融公司的服务模式，"政银企研所"多方协同，提供具有自贸试验区特色的多元化金融服务。依托招商银行等各类银行金融机构打造外资外贸金融专项服务平台，积极对接外贸企业需求，在进出口结汇、套期保值、贸易对冲基金等方面开辟服务"绿色通道"，全力为外贸型企业提供便利金融服务。推出"单一窗口共享盾"，打造"电子口岸十金融服务"一站式办理新模式。推出"区块链平台+银行+信保"出口应收账款融资模式，共有11家银行为辖区内企业办理融资业务261笔、2347万美元。聚焦中小微外贸企业金融需求，构建中小微外贸企业金融服务体系，推出"外贸贷"融资业务。创新推出知识产权质押融资新模式，缓解科技型企业融资难题。搭建服务载体平台，依托专业化银行、"银企校院"四方平台打造品牌投融资体系。深化上市辅导，举办企业北交所上市培训、重点拟上市企业座谈会等活动，精准有效推动企业上市。截至 2023 年，洛阳片区主板上市企业 4 家，新三板挂牌企业 10 家，中原股权交易中心四板挂牌企业 20 家，市定上市后备企业 29 家。

专栏2.13

洛阳片区构建中小微外贸企业金融服务体系

促进跨境贸易投资便利化。积极宣传贸易便利化政策。鼓励银行等金融机构将优质外贸中小微企业纳入便利化政策范畴，给予金融机构、企业在单证审核、特殊退汇、对外付汇信息核验等方面更多的自主权。进一步拓宽结算渠道。鼓励银行等金融机构结合互联网大数据技术，以科技赋能金融，制定跨境金融综合方案，对以中小企业为主的跨境电商、外贸综合服务等贸易新业态相关的市场主体，提供汇率避险、智能结售汇、跨境融资等一揽子高效、低成本的跨境资金结算服务。完善企业汇率风险管理服务，降低企业避险保值成本。金融机构及时响应外贸企业等市场主体汇率避险需求，优化外汇衍生品业务管理和服务，提升企业应对汇率波动能力。

发挥出口信保增信保障作用。加大信用保险对中小微外贸企业的金融服务支持力度。联合信保公司对区域内 50 余家外贸中小微企业进行政策宣传并顺利投保，解决企业有单不敢接、有单无力接的"出海"难题。加大对重点外资企业的金融支持力度，摸清辖区内重点外贸企业融资需求及经营情况，及时与银行业金融机构共享重点外贸企业信息，推动开展"银企对接"，银行业金融机构按市场化原则积极保障重点外贸企业融资需求。

精准开展"管家式"服务。组建"服务管家"工作团队，采取"一对一""一对多"等服务方式，对所有外贸企业进行全面摸排及走访调研。加强宣传引导，引导内贸企业开拓海外市场；推动外贸企业梯队建设，常态化开展新登记外贸企业政策辅导和业务培训，优化"白名单"企业支持措施，完善信息直通、资金直达、定期会商等制度。建立重点企业联系制度，设立"一企一策""一项一策"等差别化、个性化、精细化服务举措，有效解决企业问题。

专栏2.14

洛阳片区"外贸贷"助力中小企业融资发展

设立资金池，遴选合作银行。设立"外贸贷"资金池，用于贷款资金补偿。资金来源主要包括市财政预算安排、上级财政奖励等，初期规模3000万元，资金池作为中小微外贸企业向合作银行申请贷款的增信手段，对合作银行发放符合条件的贷款承担有限补偿责任，并引导合作银行放大一定倍数向企业发放贷款。遴选贸易融资经验丰富、业务流程快捷，具有服务中小微企业融资的专业能力和专门团队的合作银行，为"外贸贷"提供专门信贷方案。合作银行要对其"外贸贷"信贷产品实施单独的资金计划、风险容忍、免责考核、专项拨备和风险定价政策，其信贷产品要包括明确的企业准入条件和业务审核时限。合作银行以直接贷款的服务模式向中小微外贸企业发放贷款。

贷款便利化，合理补偿机制。企业依据合作银行提供的操作指引申请"外贸贷"。合作银行在受理企业申请后5个工作日内将信息录入融资平台，以便跟踪贷款审批时效。合作银行应在授信、放款和还款等业务发生后5个工作日内，将信息录入融资平台，以便统计贷款数据。总体缩减了时间，提升了业务审批效率，增加企业获得感。合作银行向企业发放出口信用保险项下的贷款。由经营出口信用保险的保险机构对出口企业的应收账款进行风险保障，便利企业向合作银行申请贷款。合作银行对上年度出口额在300万美元以下的小微企业发放"外贸贷"贷款，不需要企业提供抵质押等担保措施，降低了企业贷款门槛。合理补偿机制。贷款发生逾期，合作银行及时清收。如未收回，由受托管理机构对补偿申请进行初审并向"外贸贷"领导小组办公室提出补偿申请。领导小组同意后由受托管理机构从资金池账户向合作银行拨付补偿资金。补偿机制减少了银行贷款风险，增加银行"外贸贷"业务积极性。"外贸贷"进行补偿后，合作银行又追回的欠款，先行弥补贷款本金损失，按照资金池补偿比例计算应返还资金池金额。

加强考核监督。对于合作银行要求补偿的个案进行多重监督，避免资金流失。由受托管理机构进行定期核查，"外贸贷"领导小组进行不定期检查，试运行期满后，领导小组办公室将聘请第三方机构对合作银行在试运行期内发放的贷款、补偿个案进行审计。如发现合作银行存在弄虚作假、资金冒领、监管不力等问题，则终止合作银行的承办资格，返还违规补偿资金，追究责任人责任。每一执行年度末，由受托管理机构组织对合作银行年度内"外贸贷"项下贷款产品的经营情况进行综合绩效评估（包括贷款累计投放量、利率、办理时长、企业满意度等指标），评估结果作为调整合作银行资金存放金额和是否继续合作的依据，如未达到其承诺的贷款规模，要求改进，或终止其承办资格。被终止承办资格的银行，不得参加下一轮公开遴选。

专栏 2.15

洛阳片区创新知识产权质押融资模式　缓解科技型企业融资难题

精准施策，疏通"知产"无形变现难的堵点。科技型企业对资金需求量大，但发明专利作为单一质押物价值判定难，制约着企业开展再融资。针对这一难题，人行洛阳市中心支行主动作为，咨询专业评估机构，协调银企见面，清单式破解知识产权融资难题，特别是针对知识产权抵押物的公允价值问题，引导银行借助专业权威评估机构，从知识产权的技术稳定性、商品化程度、商品市场容量、市场运行效果、与主营产品的关联度、相关产品的销售额、销售额中知识产权价值占比等方面开展科学评估，使知识产权价值有效量化，疏通知识产权价值难确定、变现难的堵点，助力企业将"知产"变为实实在在的现金流。

政策兜底，解决"知产"抵押风险高的痛点。洛阳市市场监管局、财政局联合出台了《洛阳市知识产权质押融资风险补偿资金池管理暂行办法》，设立1000万元的知识产权质押融资风险补偿资金池，对于合作银行发放的贷款本金，如果企业无力偿还，由风险补偿资金池承担40%的本金损失。设立知识产权质押融资奖补制度，对银行发放的知识产权质押融资贷款，按贷款额度的1%给予奖励，单笔奖励最高10万元，1家银行年度奖励额最高30万元，持续解决知识产权质押风险高、银行参与意愿不强的痛点。

部门联动，破解"知产"融资费用高的难点。对企业在知识产权质押贷款过程中产生的评估费按实际发生费用的50%给予补贴，同一单位年度补贴最高10万元；对以专利权、商标权出质质押的企业，在企业按约定还本付息后，按年度贷款额分档给予利息补贴，最高补贴利息50万元。通过奖补机制有效破解了"知产"融资费用高的难点。

3. 推进绿色金融、文化金融创新

郑州片区在碳金融领域进行创新探索，开展碳排放权配额贷款质押"双平台"登记业务，发挥碳交易在金融资本和实体经济之间的联通作用，拓宽企业低碳融资渠道。"探索开展碳排放权配额质押贷款业务模式"入选河南自贸试验区第四批最佳实践案例，成功发放河南省城商行首笔碳排放权配额质押贷款，为河南省武陟县广源纸业有限公司，发放碳配额质押贷款1800万元。开封片区联合人行开封中心支行，设立特色金融服务机构，创新特色金融服务产品，建立特色金融发展机制，助力特色文化产业高质量发展。开封片区国家文化出口基地文化金融创新服务案例入选国家文化出口基地第三批创新实践案例，获得国家级复制推广。

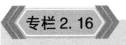

专栏2.16

开封片区探索构建特色金融服务体系助力文化产业发展

设立特色金融服务机构，提供全方位金融服务。开封片区引入中国银行开封分行等9家金融机构在片区建设特色支行，实现金融服务"办事不出园区"。引入深圳文化产权交易所，设立河南自贸试验区运营中心，为企业提供咨询辅导、孵化及投融资等全方位服务。设立中原银行开封自贸试验区文化艺术支行，属全国首家文化艺术银行，业务覆盖租赁、投资、版权、抵押、贷款等。联合中国银行在全省率先成立开封市文旅特色银行，搭建服务文旅企业专属融资平台。

打造特色金融服务产品，加大金融杠杆扶持力度。围绕中小微文化企业需求，量身定制金融产品。中原银行开封自贸试验区文化艺术支行推出专属艺术金融信贷产品"原艺贷""艺分期"。中国银行文旅特色银行针对文旅产业资产轻、周期长、回报慢的问题，重点推进文旅贷、文旅信用贷、住宿行业贷、文旅创业贷等特色金融产品。建设银行推出同业首创的"云税贷"业务，打造"互联网+税务+信贷"全线上信贷模式。郑州银行支持企业研发创新和成果转化，推出"科技贷"产品，最高额度达2000万元，利率3.85%。此外，"专利贷""税务贷""供应链融资""应收账款质押"等产品，支持企业做大做强。

建立特色金融发展机制，提供优质服务保障。建立政银企工作对接机制，开封片区成立政银党建专班，定期召开政银企合作对接会，持续跟踪落实成效，推动优质金融服务、贷款资金直达文旅企业。建立金融风险评估机制，开封片区成立类金融企业风险评估委员会，组织开展29次风险评估会。同时，联合金融机构对评级授信管理方式进行改革，提出企业债券、凭证、股权及理财基金等抵质押新模式。建立风险补偿机制，设立5000万元的开封市文旅产业信贷风险补偿资金，对在汴金融机构为文旅企业提供贷款进行风险补偿、担保、增信。

（三）推动跨境金融服务便利化

郑州片区印发金融专项服务体系建设实施方案优化及提升方案，开展合格境外有限合伙人（QFLP）试点工作，印发实施《促进外商投资股权投资类企业发展实施办法（暂行）》。支持自贸试验区内企业开展多种形式跨境融资业务，河南民航产业基金管理有限公司获批河南省首支 QFLP 基金试点，首期额度 7 亿元。支持区内跨国企业集团开展境外放款业务，利用人民币跨境资金池统筹配置境内外人民币资金，提高资金集约利用程度和管理效率。推动航空港区人民币贸易融资资产跨境转让试点业务办理，转让所得资金用于郑州航空港区建设。区内金融机构办理人民币贸易融资资产跨境转让试点业务 106 笔，金额共计 86.8 亿元。积极推动跨国公司跨境资金集中运营业务增量提质，区内 4 家跨国公司获得可集中调配外债额度共 98.17 亿美元，境外放款额度 14.47 亿美元。

洛阳片区以企业需求为导向，推动河南省跨境贸易金融区块链服务平台率先落地。推动洛阳片区企业中航光电进入河南省优质企业贸易收支便利化试点。制定全省首个委托境外加工贸易结算方案，指导银行成功为企业办理了对越南代工厂付汇 5.56 万美元和对美国终端客户收汇 10.12 万美元，填补了河南省委托境外加工贸易跨境收支结算空白。创新解决了外综服平台收汇难题，2021 年以来，河南众创外综服平台带动辖内小微外贸企业收付汇累计 1179 万美元，为小微外贸企业开拓国外市场发挥了重要作用。企业跨境贸易收支办理时间从原来的数小时乃至数天缩短到数分钟，真正实现了"秒申请、分钟办"。

四、政府职能转变

（一）深化"证照分离"改革

郑州片区结合片区实际梳理事项清单，加快推行电子证照全覆盖，提高市场主体办事效率、办事可预期性，降低制度性交易成本，进一步提高政府监管效能。按照国务院和省政府关于在自贸试验区开展"证照分离"改革全覆盖试点的部署，对 526 项所有涉企经营许可事项实行清单管理，按照直接取消审批、审批改备案、实行告知承诺、优化审批服务 4 类改革方式，进一步简政放权，破解"准入不准营"难题，释放改革活力。协同相关职能部门，推动"证照分离"改革全覆盖工作在郑州片区范围内搞好试点，着力打造"一网通办""一站式"企业服务平台，使企业办事"只进一门，最多跑一次"，切实提高企业获得感。

开封片区涉企经营许可事项已按照"证照分离"改革要求，全面落实取消审批、审批改备案、实行告知承诺、优化审批服务 4 项改革举措。2023 年，开封片区共实行告知承诺 629 件，优化审批服务 5457 件。通过推行外商投资企业开办"容缺办"服务、准营事项"智能秒办"、权限内建筑业企业资质告知承诺制"零材料"办理模式等一系列改革举措，纵深推进改革创新任务，进一步扩大改革成效。

洛阳片区实施"证照分离"改革全覆盖，进一步破解"准入不准营"问题，激发市场主体发展活力。2018 年，洛阳片区出台了《开展"证照分离"改革试点工作方案》，先后推出两批 171 项"证照分离"改革事项，涉及工程建设资质审批、科教文卫、食品药品等多个领域，将能分离的许可类"证"分离出去，分类推进改革试点任务。为进一步解决"准入不准营"问题，2020 年，印发《"证照分离"改革全覆盖试点实施方案的通知》，对所有涉企经营许可事项实行全覆盖清单管理。全国率先推行"多证集成、一照通行"改革，将食品生产许可证、食品经营许可证、药品经营许可证、医疗器械经营许可证等 7 类市场主体需求量较大的涉企许可信息集成到营业执照上，企业仅需领取营业执照即可开展经营活动，实现了"一套材料、一表登记、一窗受理、一次审批、核发一照、加载一码"工作模式。率先在河南省实行企业"歇业"新模式，通过为经营困难的市场主体在"开业（存续）"状态和"注销"状态之间提供"歇业"缓冲，使其能够暂时休眠蓄能。相较于以往"一刀切"的注销制度，市场主体不会因停业而面临列入异常或吊销的风险，最大程度保证企业经营的连续性，有效降低市场主体维持成本，有利于助企纾困。

（二）持续优化营商环境

郑州片区不断优化营商环境，激发市场活力。一是设立"绿色通道"和"一窗受理"窗口。为前来办理业务的特定群体，提供"专人负责、优先办理、急事急办，特事特办"的服务，设立"办不成事"窗口，兜底受理和解决企业群众办事时遇到的难题。二是持续做好省级下放权限承接审批工作。加强与省、市有关部门沟通协调，特别是城建等审批业务专业性较强的部门，加强业务培训，严格依法依规审核审批。2023 年，共办理省级下放权限承接事项 8 项行政事项 203 件（次）。三是打造数智服务平台，实现涉企服务"三免一全"。为解决同一数据企业向多个部门重复填报、政策不直达、奖励申报程序繁多、兑现慢等难题，打造"数智金水产业大脑"服务平台，实现数据免报即清、政策免查即至、奖励免申即享，为企业提供全生命周期服务（即"三免一全"）。

专栏2.17

实现涉企服务"三免一全"

郑州片区金水区块为科技企业提供从注册到成长壮大全生命周期服务，实现数据免报即清、政策免查即至、奖励免申即享，形成企业全息画像（即"三免一全"），有效解决企业同一数据向多个部门重复填报、政策不直达、奖励申报程序繁多、兑现慢等难题。截至2023 年，累计为科技企业发放各类奖补资金3346 万元，奖励兑付"一趟不跑""一面不见"，时间从60 天缩短至最快7 天。

数据免报即清。整合市场监管、社保、税务、知识产权、地理信息等数据，通过系统平台实时掌握企业所属领域、分布区域、生产经营情况以及研发投入、专利成果、在研项目等基础数据，自动生成"企业大数据库"。

对高新技术企业、研发费用、技术中心重点实验室、创新平台认定等情况，企业无须提供资料即可在线查询进展。

政策免查即至。梳理整合各类助企惠企政策，建立"政策大数据库"，置入搜索、解读和精准匹配等功能。政策库大数据与企业库大数据双向匹配，主动向企业精准推送高新技术企业、人才、基金等应享政策，从"企业盲目找政策"到"政策精准找企业"。

奖励免申即享。各部门信息互联互通，将企业数据一站归集，为符合奖补条件的企业和个人开通政策落地绿色通道。如企业总部经济贡献奖励、主要经营者突出贡献奖励、市场化人才经济贡献奖励等，无须提交证明材料，即可坐享政策兑现，政策奖励从企业被动申请变为业务部门主动给予。

为企业全息画像。从企业发展规模、创新能力、融资能力、信用风险、人均效益等多维度，按照不同权重设置评分标准，形成评判体系。对辖区企业进行智能化全息画像、可视化展示，部门和企业可通过电脑、手机查看。

洛阳片区为承接好省政府下放的455项省级经济社会管理权限和洛阳市政府下放的1079项市级经济社会管理权限，在审批领域先后实行了"一枚印章管审批"1.0版和2.0版。"一枚印章管审批"2.0版改革，启用"洛阳高新区（自贸试验区洛阳片区）管理委员会行政审批专用章"，承接省市区三级审批权限，实施审批受理、审核、出证"三分离"，片区综合服务大厅负责受理、出证环节，各行业职能部门负责审核把关和事中事后监管，建立了"前台综合受理，后台流转审核，统一窗口出件，免费邮寄上门"的新机制。为不断提升政务服务标准化、规范化、便利化水平，试行政务服务"一窗办理"改革，打破部门限制，通过预约办理、智能分流的方式，实现政务服务跨系统、跨部门、跨业务层级"一窗"办理，实现"一门进、一窗办、一站式"。在药品和医疗器械经营领域精简行政审批，推进审批流程再造，对承诺守信企业创新推行经营许可"先证后查",实现企业筹备环节即可准营,降低生产经营成本。为帮助创新主体重大科研项目成果高效获得知识产权保护,优化专利预审服务工作,多措并举保护创新主体科技成果,提升知识产权保护效率。

专栏2.18

政务服务"一件事一次办""综合窗口"改革

为进一步优化营商环境,洛阳片区试行政务服务"一件事一次办""综合窗口"改革,实现政务服务跨系统、跨部门、跨业务层级"一窗"办理,实现"一门进、一窗办、一站式"。

企业开办综合窗口。通过多账号、链接式与单点式登录相结合方式,打通市场监管、税务、公安、银行社保、医保、公积金等7部门部建、省建业务系统的数据通道。设置4个综合窗口,现场办理营业执照申领、税务登记、公章刻制、银行开户、社保登记、医保登记、公积金登记等事项,实现企业开办"一网办理、一窗办结、一次办妥"。

"不动产+公积金"综合服务专区。房管、税务、不动产、公积金等部门授权综合服务窗口,在全省率先实现契税申报、维修基金缴存、不动产权证审核签发、公积金缴存提取等"一窗办结"。同时,在专区内增设公证、仲裁窗口,可办理与不动产登记关联度较高的继承、委托、赠与公证业务和房产纠纷仲裁业务。

工程建设项目综合审批专区。统筹省市下放权限,整合工程建设领域57项审批事项,覆盖项目用地规划许可、工程建设许可、施工许可、竣工验收全过程。依托工程建设项目审批管理系统提供"一站式"服务,前台受理、后台审批、统一出件、免费邮寄,平均项目审批时间压缩3~5个工作日。同时设立工程建设项目服务中心,为片区内企业、重点项目提供帮办、代办服务。

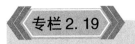

专栏2.19

智能分流助推"一窗办多事"

一窗办理，集成服务。洛阳片区在政务大厅设置咨询导办区、一窗通办区、统一出证区。按照事项关联度，在综合受理区内分领域设置综合窗口，包括市场监管综合服务窗口、外事服务窗口、RCEP外贸服务窗口、税务综合服务窗口、社保医保综合服务窗口、不动产—公积金—公证服务窗口、工程建设联审联批窗口等，所有窗口实行统一编号，各进驻业务部门不再设置单一事项审批窗口，不再加挂部门后缀。企业群众办事从以往的"找部门窗口"变为"一号直达"，任一窗口均可办理该领域全部事项。

设置"企业开办综合窗口"，将原本物理集中至专区内的企业设立登记、税务登记、公章刻制、银行预约开户、社保、医保开户、公积金开户等事项，采取多账号、链接式与单点登录式相结合的方式，打破多部门使用国建、省建独立业务系统的数据壁垒，实现企业开办领域任一窗口无差别受理。

预约办理，精准分流。深度推进政务大厅"智慧化"建设，开发预约叫号、智能分流小程序，为办事企业群众提供远程预约排号服务。

智能预约：办理人扫描二维码或点击微信公众号相应模块，提前预约，系统自动分配排队号码和业务窗口，办理人按照预约时间到预定窗口办理业务。

智能分流：根据办理人的预约业务类型、预约时间、窗口忙闲情况等因素，智能分配办理人到相应窗口。

智能叫号：通过语音提示、电子显示屏、手机小程序等多种方式，通知办理人当前叫号情况。

智能监控：通过可视化数据分析系统，对窗口办件量、大厅等待人数、高峰时段人数、等待时长、办理时间、服务满意率、网上预约率等数据进行比对分析，为管理部门提供服务改进依据。

首席审批，充分授权。推行"首席审批官"制度，各进驻单位选派业务骨干担任"首席审批官"，进驻大厅办公，负责该单位所有审批服务和沟通协调工作。窗口人员由大厅统一配备，"首席审批官"对窗口人员充分授权并培训，压缩审批过程中层层汇报请示、逐级领导签发等流程，实现审批效率最优化，实现"大厅之外无审批"。

标准审批，统一出证。统一制定《自贸试验区洛阳片区政务服务标准化服务指南》，对综合窗口各项业务的申报条件、服务对象、申请材料、办理流程、办结时限等要素进行明确，清理取消重复、不必要的申报材料，实现综合窗口的"一次性告知、无差别受理、同标准办理"。大厅设置统一出证区，由"出证窗口"集中管理政务大厅证照发放工作。在大厅24小时自助服务区增设"商事登记全业务智能审批机"，涵盖132个行业475个经营范围的后置审批许可项目和一般项目，实现了商事登记领域的智能办理，立等可取。

专栏2.20

药品、医疗器械经营许可"先证后查"

筹备即准营。改革前，企业选好经营场地，设施设备和人员到位，材料符合要求，由核查员现场核查通过后予以发放药品、医疗器械经营许可证。筹备期间不得经营，存在半个月以上空档期，造成人员、水电、租金等经营成本增加。推行"先证后查"后，将现场核查环节置于许可证领取之后，企业提交申请材料时，通过承诺即可领取经营许可证，实现边筹备边经营。

承诺即发证。在同一场所经营药品和医疗器械的企业，根据自愿原则，申请营业执照时可一并申请药品和医疗器械业务，在申请材料齐全的情况下签署告知承诺书，发证机关同时发放《药品经营许可证》和《医疗器械经营许可证》。

守信即受益。审批部门发放许可证后，组织人员依据有关法律法规、技术规范对申请"先证后查"企业进行现场核查。核查中如发现企业实际经营状况与承诺内容不符的，市场监管部门责令其停业并限期整改；申请人逾期拒不整改或者整改后仍不符合行政许可相关要求的，将被依法撤销行政许可，真正实现"守信受益，失信受制"。

专栏2.21

优化专利预审服务　提升知识产权保护效率

创新"四个批量"模式，助力授权"快捷化"。围绕重点行业、特定企业、关键技术，全面推行"批量接收、批量预审、批量出案、批量打标"的预审模式，通过步步稳扎稳打，预审效率显著提升。

建立"四维管控"体系，提高申请"成功率"。建立健全专利预审质量管理体系，制定实施《专利预审备案主体和代理机构分类分级管理办法》《专利预审服务质量管理办法》《专利预审业务指导办法》《专利预审周期管理制度》，通过"三办法一制度"实现"四维管控"，预审质量稳步提升。

推行"双向对接"机制，提高服务"温暖度"。一方面，建立优先对接审查机制，为能够提供研发证明材料的创新型企事业单位提供发明专利优先预审服务；另一方面，建立合作对接共建机制，遴选研发水平高、创新能力强的企业共建预审员实践基地。

设立"一对一"全程辅导机制，提高服务"精准度"。在预审过程中，预审员严格按照预审工作流程，研读申请文件，积极与申请人沟通预审意见，提高专利申请质量，申请人按照预审审查意见通知书完善申请文件后快速获得授权，确保高质量完成专利预审。

开封片区努力在提升政务服务"速度"和"温度"上下功夫。持续推动相对集中行政许可权改革，实行"一枚印章管审批"新模式，大力推进简政放权、减证便民，不断畅通审批渠道、推进审批流程再造，全力构建审批服务标准体系。创新推出"345'有诉即办'"政务服务新模式，实现企业群众诉求的全流程处理，坚决破除"办事难"的隐形壁垒。创新推出"事项申报全程自助、业务受理全程自动、审批结果即时获取"的"智能秒办"政务服务新模式，为企业群众提供高效能、智慧化、不见面的政务服务体验。2023年8月，开封片区顺利通过国家级社会管理和公共服务标准化试点项目终期验收。在2023年国家级经开区考核评价结果中，开封经开区位于全国230家国家级经开区的第133位，较上年度提升13个位次，在5大类30项考核指标中，12项指标均优于全国国家级经开区平均水平。

专栏2.22

"345'有诉即办'"政务服务新模式

为实现对企业和群众诉求有诉即接、有诉即应、有诉必办、有诉即办，开封市政务服务和大数据管理局创新推出"345'有诉即办'"政务服务新模式，实现企业群众诉求的全流程处理，坚决破除"办事难"的隐形壁垒，不断增强市场主体、人民群众的获得感和满意度。

一、"三窗"并行组专区，精准划分强职能。

"导办、帮办、代办"窗口。为需要帮助的群众企业提供咨询、帮办、代办业务；复杂事项精准分办给相关窗口，全流程监督办理结果。针对老年人和特殊人群设置老年人服务专区和绿色通道，提供"一站式"全流程帮办代办服务。

"万人助万企"窗口。主要解决"政策不了解、审批流程多、部门窗口来回跑"等问题，为投资建设企业提供咨询、解答政策；依申请为企业提供全流程"一窗一站"式和"店小二"式一对一服务。

"办不成事"监督窗口。针对让群众"跑多趟"、工作人员服务意识差等情况，建立督办问责机制，移交"办不成事"监督窗口，由市纪委监委倒逼窗口审批人员提高办事效率。

二、建立"四项"工作机制，按下改革快进键。

一个保障：坚持统筹谋划、整体推进，组织成立市县乡三级"有诉即办"工作专班，负责统筹协调、组织推进、督查考核，为"有诉即办"工作提供坚强的组织保障。

两个环节：着力问题的高效解决，抓实识别研判分类、分办督导解决两个重要环节。识别研判分类环节，针对简单事情窗口主动服务、第一时间解决；针对意见建议，分办转办至相关窗口单位；针对涉企问题、工作作风、涉访事件，及时分类进入办理程序。分办督导解决环节，在市纪委监委监督下，对需要多部门、多层级联合办理的诉求，第一时间启动限时办理、协同办理，高效、准确解决相关诉求。

三个创新：创新组织支撑。成立由市营商环境服务中心、市政务服务和大数据管理局等单位牵头的工作专班，夯实各级责任，确保所有诉求得到及时回应、解决。创新工作流程。针对受理的各类诉求，制定受理登记、研判分类、分办转办、限时办结、催办督办、反馈评价、问题清零等七步骤工作法，认真追踪各个环节，创新受理模式。逐渐形成标准统一、上下联动、信息互通、跨层协同的工作模式，同时建立线下窗口受理、线上同步办结的办理方式。

四个平台：将"亲清连线 廉通企业"监督平台、民营企业诉求响应平台、企业投诉中心、政务大厅线下窗口四个诉求受理渠道关联起来，对线上、线下收到的诉求做到有诉即接、有诉即应、有诉必办、有诉即办。

三、创新"五办"模式，为民初心落实处。

首次办理，咨询导办。窗口人员认真了解首次办理群众诉求，给予精准指引，提供主动引导式服务，帮助办事群众迅速找到拟办事项窗口办理相关业务，少跑"冤枉路"。

不会办理，帮办代办。在政务服务大厅设置"帮办、代办"专员岗位，针对不懂如何办理的群众，由"帮办代办"专员帮助办理；针对行动不便人员，由"帮办代办"专员全程"跑腿"代办；企业和公司准备好材料后，代办专员即可代理完成全程事项。

复杂事情,"一对一"办。针对重大建设项目等复杂事项办理,由专区"万人助万企"窗口承接负责,从项目立项到竣工验收,全面推行"一窗受理"工作规程。

办不成事,纪委督办。明确工作流程、办理须知、工作要求等3个方面7项具体事项,将企业开办、失业就业等高频办理事项依规简化为"一件事",实行"一次告知、一次办好";对群众非自身原因无法正常办理的事项,标为"红黄灯"事项,市纪委监委全程督办,为企业和群众的诉求"兜底"。

投诉建议,分办转办。投诉建议由窗口根据投诉建议内容建立分办转办清单,转至相关窗口或部门;涉及工作作风违规违纪情况,转至市纪委监委"办不成事"监督窗口,各责任部门按照时间节点限时办理。

(三)强化事中事后监管

郑州片区构建系统、全面、立体的信用监管政策体系,加强事前环节信用监管。片区管委会协调市、县(区)级行业主管部门和属地监管部门,通过年检、年报、专项行动等措施,强化平台监测,加强事中事后监管。以跨境电商企业为例,截至2023年年底,郑州市网络市场综合监管平台已监测自贸试验区跨境电子商务经营主体7959户、网站7631个、网店3917户,构建事中事后监管政策体系。

洛阳片区着力提高政府监管能力和服务水平。一是实现"双随机、一公开"监管全覆盖。先后出台《关于构建经营主体全生命周期监管链的指导意见》《洛阳片区"证照分离"事中事后监管实施方案》《洛阳片区市场监督管理局触发式"双随机、一公开"监管工作细则》《洛阳自贸片区"双随机、一公开"跨部门联合抽查实施方案》等制度,实施"双随机、一公开"跨部门综合监管。建立"两库一单",根据综合检查、风险分类等原则,科学制订年度抽查计划，实现"进一次门，查多项事"。二是创新检查方式。与住建、应急等24个部门联合开展"双随机、一公开"，变"多头检查、一次一查"为"联合检查、一次多查"，避免重复检查，有效提高了执法效率，减轻了企业负担。所有抽查结果均已通过国家企业信用信息公示系统对外公示，公示率为100%。为进一步优化口岸营商环境，提高监管的科学性和有效性，在确保危险货物包装安全的基础上，对以锂电池为代表的危险性较低的第9类杂项危险货物包装使用鉴定查验模式进行优化。三是积极推进"互联网+监管"。依托河南省"互联网+监管"平台，加快推进片区内监管数据归集和上报工作，已汇聚国家"互联网+监管"系统监管事项子项1466项，监管行为覆盖率达97.15%。

专栏2.23

出口第9类杂项危险货物包装使用鉴定检验监管新模式

为进一步优化口岸营商环境，提高监管的科学性和有效性，在确保危险货物包装安全的基础上，对以锂电池为代表的危险性较低的第9类杂项危险货物包装使用鉴定查验模式进行优化，解决企业反映的通关效率问题和延期发货风险问题，缓解业务量大与查验力量不足的矛盾，进一步压缩通关时长，抢占全球新能源市场先机，助力辖区内以锂电池为代表的第9类杂项危险货物开拓国际市场。

事前风险评估，动态周期检验。危险货物生产企业提出包装使用鉴定申请后，由属地海关对企业信用等级、上年度检测总体情况、企业守法经营情况、质量管理体系是否健全、产品特性等各方面进行全面评估后，对同一检验批设定由宽到严的检验周期，即6个月、3个月、1个月、1周、每申报批。对风险评估结果良好企业的同一检验批首次检验周期设定为1个月，连续三次检验合格后检验周期放宽一档，如企业发生违规、违法等情况则检验周期收紧一档。

采信申报资料，实现随报随检。原检验模式每申报批需进行现场检验，因企业分布在辖区不同县区，检验人员无法实现随报随检。新模式下，按照批批检验要求，对同一检验批的危险货物包装使用鉴定首次申报实施现场检验，非首次申报进行资料审核，重点核验企业出厂危包使用鉴定结果（厂检）与危包合格保证。同时完善事中监管，企业申报资料随附检验要素的照片、包装 UN 标记等；企业设立出口危险货物专门存储区域，实现视频监控无盲区全覆盖，视频录像留存 2 年备查；查验人员发现申报资料存在风险的，立即实施现场查验。

开展周期验证，强化事后监管。在一定周期内对企业出口危险货物按照《企业申报真实性单项验证作业表》逐批或抽批进行全面验证，验证周期可大于或等于检验周期，最长不超过 1 年。由海关监管部门根据危险货物包装使用安全状况、相关风险信息、实际出口情况、视频记录、质检记录等开展周期验证，必要时可联合稽核查部门共同开展。如发现企业存在违法违规情况，则依法进行查处，并据此对企业检验周期进行动态调整。

开封片区指导药品与医疗器械企业优化仓储销售运营模式，通过设立集中监管仓，实施产品集中统一监管，实现在库产品实时监控、产品流通在线追溯，降低了企业运营成本，提高了执法监管效率，全面保障产品质量安全。

专栏2.24

药品与医疗器械仓储集中监管新模式

选取先进企业，设立集中监管仓。选取本市龙头企业——河南省汴卫医药有限公司作为集中监管仓的试点企业，该企业拥有两座自动化、智能化的医药专业型仓库，总面积约 1.3 万平方米，全省排名前三。仓库内采用一流的 ERP 进销存管理系统、WMS 仓库管理系统、WCS/AS 控制系统及 DPS 电子标签系统、OA 系统，拥有调节离散型物流管理的 AGV 自动化搬运装卸系统，全库进行 24 小时不间断检测温湿度，保证库区储存环境的合规、安全。

通过"一照两址"，实现企业集中经营。在集中监管仓建立统一办公区，药品与医疗器械经营企业在保持原注册地不变的基础上，通过"一照两址"登记入驻集中监管仓办公。由集中监管仓为企业提供专业的仓储管理和物流配送服务，无须企业单独设置仓库、聘请物流公司。

对接智能平台，实现集约化实时监管。集中监管仓运用数字化管理和物联网技术，在药品运输冷藏车、封闭式厢式货车、保温箱等设备上安装有测点终端和软件，能够实时监测、记录、采集数据，实现了产品信息智联和点对点销售运营。相关系统和设备接入"千里眼工程"，执法部门可对收货、验收、养护、库存等信息进行实时监控，对产品流通进行追溯，确保药品与医疗器械产品安全监管。

五、法律服务创新

（一）强化法律法规和仲裁制度建设

郑州片区出台《关于建立郑州市国际商事纠纷多元化解决中心诉调对接工作机制的实施意见》《郑州市中级人民法院涉外商事案件审判指引》《关于涉外商事纠纷诉讼、调解、仲裁多元化解决一站式工作机制建设工作方案》等文件，建立涉外商事纠纷一站式解决机制。郑州片区人民法院举办首届中原自由贸易区法治论坛，发布《知识产权领域对接国际高标准经贸规则郑州倡议》，加强在知识产权领域的创造、运用和保护，对接国际高标准经贸规则，助力自贸试验区打造更优的法治化营商环境。

开封片区建立执法与司法衔接机制，形成行政与司法保护合力。与开封市市场监督管理局、人民检察院、公安局联合出台《开封市知识产权保护行政执法与刑事司法衔接工作机制》，确定了联席会议、线索通报、案件移送、联合执法案件督办相关制度，强化执法与司法的沟通衔接。与市场监督管理局共同出台《关于建立知识产权纠纷诉讼对接机制若干意见》，创新"申请+介入"诉前简易调处模式，形成"政府+司法+协会+企业"工作合力。与开封市市场监管局联合出台《开封市知识产权案件信息互通共享实施方案》，完善知识产权纠纷在线诉调对接机制。

洛阳片区结合实际大力推进包容审慎柔性执法，制定并公开行政执法领域的不予处罚事项清单、从轻处罚事项清单、减轻处罚事项清单、不予实施行政强制事项清单"四张清单"，对轻微违法及初次违法免罚慎罚。在商事案件审理中，引入诉前调解程序，对营商环境类案件加挂绿标签，实行简案快审。探索开展调解与仲裁、仲裁与诉讼相衔接的新型服务模式。

（二）加快机构设置和涉外法律人才培养

郑州片区人民法院组建涉外商事审判庭，办理涉外案件186件，涉及美国、法国、英国等20多个国家和地区。成立郑州市国际商事纠纷多元化解决中心、郑州片区国际商事争端预防调解中心，调解涉外诉讼案件48件。洛阳片区与河南科技大学共同建设的涉外法治人才协同培养创新基地成功获批，双方在强化师资力量、建立涉外法治学生实践基地、共建研究智库等多个领域进行深度合作，探索建立具有河南特色、洛阳特点的涉外法治人才培养体系。

（三）推进法律服务模式创新

郑州片区人民法院依托金融审判专业化法庭，积极探索金融纠纷多元化解工作机制，创新构建"金枫讼爽"诉源治理模式，打造自贸试验区法治建设品牌，为自贸试验区金融产业高质量发展提供司法保障。建立和完善知识产权联合执法、案件移交协办、行政执法与司法衔接、联席会议、举报奖励等制度，探索建立郑州片区知识产权跨部门执法协作工作服务机制。联合知识产权维护保护中心在郑州片区综合服务中心设立知识产权综合服务窗口、维权保护工作站和知识产权法庭，为广大企业提供一站式综合服务。加强与黄河流域自贸试验区交流合作，与山东自贸试验区烟台片区达成《知识产权保护"一体化协作"合作协议》，加强知识产权协同保护。洛阳片区建立中国（洛阳）知识产权保护中心并正式运行，实现先进装备制造和新材料领域的专利快速审查，发明专利授权由平均 22 个月缩短至 3 个月，实用新型授权由 6 个月缩短至 1 个月，外观设计授权缩短至 10 个工作日。

专栏2.25

构建"金枫讼爽"金融法庭诉源治理体系

为推动金融纠纷多元化解和金融审判创新发展，促进审判体系和审判能力现代化，自贸试验区郑州片区人民法院高标准建设、运行金融审判专业化法庭——金融岛人民法庭，创新打造"金枫讼爽"工作机制（"金"是指各类金融纠纷，"枫"是指发扬新时代"枫桥经验"，"讼"是指立、调、裁、审、执"流水线"式办案流程，"爽"是指办案实现政治效果、社会效果、法律效果有机统一）。

一、弘扬发展"枫桥经验"，探索金融诉源多元解纷。

坚持发展新时代"枫桥经验"，建立金融领域"一横一纵"多元解纷机制。一横，即与金融机构监管部门、行业协会建立工作协调和联动协同机制，通过联动协同开展风险防控、问题研判和纠纷多元化解。加强联动协同建设，用足用好"总对总"在线诉调对接调解资源库，通过线上开展多元解纷工作。会同金融监管部门、金融机构等加强信息共享和数据联通，运用司法大数据为识别合格投资者、建立健全金融产品或服务全流程管控机制等提供支持，积极引导金融机构将纠纷通过仲裁、公证等方式解决。建立示范调解机制，鼓励当事人平等协商，自行和解。加大对行业主管部门、行业协会商会等开展金融纠纷集中调解、先行调解的司法保障力度，促进纠纷在诉前批量化解。联合河南省银行保险业纠纷调解中心设立金融纠纷诉源治理调解中心，与河南省金融消费权益保护协会联合设立金融纠纷调解中心，并签署了《关于全面开展金融纠纷多元化解合作备忘录》，在金融机构设立诉源治理工作站，协同推进消费者权益保护和诉前纠纷多元化解，促使金融纠纷多元化解工作进一步正规化、专业化、系统化。一纵，即在辖区范围内建立"分类别"分流机制，对金融纠纷进行统一受理、集中分流，通过府院（政府部门与法院）联动，实现金融纠纷从社区预防、街道干预、人民调解到法院调解、裁判的纵向解纷。

二、围绕"要素审+当庭判+批量办"，创新金融庭审模式。

开展全链条要素式审判。按照金融案件类型制作要素表、在系统中设置要素模块。在立案阶段，各金融机构按照要素表填写各项要素；庭前送达阶段，向借款人即被告送达金融机构填写的要素表复印件以及借款人需填写的要素表；开庭审理时围绕贷款合同事实要素推进庭审，通过审查要素，归纳无争议事实；庭审后根据个案情况采用要素式、表格式、令状式等裁判文书格式。

创新庭审方式实现当庭判。金融案件经当事人同意，可以采用远程视频方式开庭。利用智能语音识别技术，实现庭审语音同步转化为文字并生成法庭笔录。对适用小额诉讼程序审理的民事案件，原则上进行当庭宣判，并对裁判文书适当简化。

围绕金融纠纷案件探索批量办。对于适用小额诉讼程序和简易程序审理的金融案件，实行集中立案、移送、排期、开庭、宣判，由同一审判组织在同一时段内对多个案件连续审理。对于系列性或者群体性案件，选取个别或少数案件先行示范诉讼，参照其裁判结果来处理其他同类案件，通过个案示范处理带动批量案件的高效解决。

三、运用"分析+对比+智评"，推进金融案情可知可视。

开发建设金融智评平台，通过对金融案件数据提取，对各金融机构的立案量、标的额、服判息诉率、执行到位率等审执指标及动态趋势进行可视化呈现，全图景展示各金融机构进入诉讼的案件量，反映不同金融机构风控防范情况，结合案件类型、涉诉标的、当事人等多维数据分析，研判潜在金融风险，为提出司法建议提供数据支持，为金融监管部门风险预警研判提供数据参考。

开封片区建立知识产权民事、刑事、行政"三合一"审理机制，构建"诉源治理为本，多元化解先行，法院裁判兜底"的一站式多元解纷体系。积极探索"法官+人民调解员"多元解纷模式，分层化解矛盾，实现审判工作良性循环。打造"智慧法院"新平台，营造知识产权诉讼便利化环境。依托河南法院诉讼服务网等平台，推行线上开庭、集中平台送达等，缩短知识产权案件立案、审判周期，以智能化促进诉讼便利化。实施"简案快审繁案精审"审判模式，努力做到知识产权案件"快慢分道、轻重分离"。为当事人和诉讼参与人提供网上立案、网上缴费、案件查询、网上阅卷、递交材料、联系法官、证据交换、网上开庭、电子送达等全流程在线服务，方便当事人及时"云上"参与庭审等诉讼活动，实现在线诉讼，在线调解，确保案件顺利开展。为电商企业提供诉前调解、送法上门、巡回审判等"量身定制"的司法服务，努力实现纠纷源头化解、就地化解、快速化解，为市场主体营造稳定、公平、透明法治化营商环境。

六、要素资源保障服务

（一）创新土地管理模式

洛阳片区深化"亩均论英雄"改革，明确低效工业用地认定标准、认定程序、处置方式和引导政策。新增建设用地指标实行市级单列，实施新型产业用地政策，推动已建或新建的可用建设用地30%转化为商业服务业设施用地。推进"腾笼换鸟"，坚持"退引结合"。加大闲置低效用地盘活挖潜力度，开展工业企业分类综合评价，引入市场主体参与低效用地盘活，盘活利用包括高科钼钨、机器人产业园等15宗低效用地1966.6亩[①]。扎实推进土地收储和出让工作，完成负极材料产业园等7宗标准地出让，合计879.898亩；推动中航光电高端互联科技产业社区、麦斯克360万片8英寸[②]硅外延片项

---

① 1亩≈666.67平方米。

② 1英寸＝2.54厘米。

目、光电智荟科技产业社区开工建设。

盘活利用低效用地激活发展动能

洛阳片区持续深化"亩均论英雄"改革，坚持规划引领、系统治理、产业引导，强化集约节约用地意识，通过强化顶层设计、靶向施策、退引结合、绩效管理等举措，加快盘活低效工业用地，稳住工业经济基本盘，推动空间和生产力布局优化、产业结构调整，实现优地优用，化"历史包袱"为"增长活力"，实现经济发展和集约用地双赢。

强化顶层设计，形成合力。洛阳市人大常委会出台《关于促进开发区低效工业用地盘活利用的决定》，明确低效工业用地认定标准、认定程序、处置方式和引导政策等。洛阳片区管委会出台《"低效产业用地"专项整治工作方案》《推动工业固定资产投资项目建设工作方案》，成立低效用地土地盘活专班，区级领导任专班组长，统筹管委会、区属公司、自然资源和规划、发改、财政等，推进地块盘活工作。通过政策宣传，提升企业对低效土地整治的认知认可，消除企业顾虑，引导企业转变思想，"甩掉低效包袱"。

全面摸底，靶向施策。深入分析低效用地的不同成因、产权结构、地块区位、用地现状等，建立盘活任务台账，实行销号管理。对批而未供、闲置低效用地逐宗"会诊"消化。产业类型符合开发区发展方向，企业有意愿有能力进行整改的，通过签订补充协议、引入新的投资主体等协助投资建设；对于企业已经进行土地开发、短期难以达到预期目标的，引导企业将土地使用权转让给招商引资项目使用；无法按照土地出让合同、投资约定开发的或产出水平偏低的用地，采取协商方式，依法有偿回购土地使用权及地上附着物；对无法生产或者恢复生产的企业，支持企业进入破产程序。对列入低效工业用地认定目录的企业，通过加快开发，引进优质主体等综合施策，实现低效用地盘活利用，为土地要素保障注入新活力。

建立综合评价体系，严格绩效管理。制定《企业分类综合评价实施方案（试行）》，引入第三方评价机构，主要从亩均税收、亩均利润、研发投入强度、单位能耗总产值、单位污染排放税收等5个方面，对区内占地5亩（含）以上的生产性企业开展分类综合评价排序。探索执行差别化城镇土地使用税税额、水电气暖价格、环保管控政策等，加快推动各类资源要素向综合评价优质企业集聚，激励和倒逼企业提高单位资源占用产出。

重点梳理亩均税收10万元以下企业，实行"一企一单"体检表制度，开展"一对一"沟通对接，帮助低效企业找准"病因"，形成问题清单。建立低效用地交易黑名单制度等。将约谈督促后仍不配合盘活企业纳入信用体系"黑名单"管理，同步在"信用洛阳""信用中国"网站进行公示，限制企业参与政府采购、获得银行授信、开展土地交易等。

退引结合，统筹开展项目招引。加大低效用地盘活和招商引资工作联动力度，用好收回地块上的建成厂房、基础配套、园区服务等成熟条件，进行定向招商、精准招商。根据企业需求，对闲置资源进行包装升级，实现腾退低效用地和引进优质项目的无缝衔接，压缩低效用地盘活周期。

（二）创新人才服务模式

郑州片区高度重视高端人才培育引进工作，出台专项人才政策，吸引高层次人才在郑州片区投资兴业。积极申请参与聘任制公务员试点工作，片区管委会招录自贸试验区制度与政策创新研究员1名，同时每年根据组织部门博士服务团工作安排，接收高学历博士人才挂职参与自贸试验区改革创新工作。在郑州片区综合服务中心新设移民事务服务中心，集政务服务、政策宣介、移民融入等多功能于一体，首创集成式涉外政务服务，为在郑外国人办理工作许可、工作居留许可一套材料、一次申请、一窗办理，共受理外国人签证617件。

洛阳片区突出市场化、项目化、专门化，探索人才引育新模式。出台

《推进"头雁人才"行动暂行办法》，争取高级职称评审省级权限，破除"唯学历、唯论文、唯资历"的评价标准，鼓励高端人才在片区创新创业。深入实施"河洛英才计划"和"洛阳市百名科技人才入企计划"。推出外国人来华绿色通道，方便海外人才到片区工作和生活。开展企业科研助理岗位落实工作，推动中航光电、中航锂电等企业落实科研助理岗位累计857个，获科技部嘉奖。促进高校院所科研成果在企业转化，累计促成13家企业与15名科技人才签约。组建片区工程系列高级职称评审委员会，在全省率先承接工程系列机械、化工专业高级职称评审权限下放。围绕以科技创新引领产业升级，持续深化人才"引育用服"体制机制改革，建立"人才基金引导、银行贷款服务、事后奖励支持、产业基金跟踪"的全周期跟进扶持金融服务体系，不断推动人才链、产业链、创新链、资金链深度融合，激活人才创新发展新引擎。

专栏2.27

打出"投贷联动"组合拳 探索人才引育新模式

突出"市场化"，打出"投贷联动"金融"组合拳"。由洛阳片区参与投资，设立"英才创新创业投资基金"，总规模为5亿元，重点投向符合《河洛高层次创新创业人才（团队）引育计划实施办法》支持条件的创新创业人才（团队）所在（创办）的企业，单个人才项目最高可获得5000万元股权投资支持，存续期长达10年（7年投资期+3年退出期），重点投向洛阳片区内种子期、初创期、早中期人才项目，充分发挥政府和国有创投力量，解决市场失灵问题。鼓励产业集聚区、孵化载体、新型研发机构等参股设立"科创基金"以引导资金的跟进投资和参股投资，撬动社会资本投资，吸引优质科技型中小企业落户片区，并通过申报高层次人才项目，争取人才基金的联动投资。将产业基金对已获得政策支持的高层次人才（团队）重点优质项目予以倾斜支持，助推人才资源转化为产业发展动能，形成"上市一批、排队一批、辅导一批、培育一批"项目投资格局。

突出"项目化"，创新人才项目评价、资金投入新机制。将财政直接补助向基金市场化投资转变，调动各级财政资金及社会资本跟投人才项目的积极性。树立以企业认可和以贡献、能力等为导向的评价标准，由受托管理机构和基金管理人作为评审主体，对人才项目的前瞻性、可行性和市场前景进行评价，采用前置审查、项目立项、项目预审、基金投决四级决策机制，对人才项目的投资价值做出准确判断，并提出符合实际的支持方案。同时，实行人才专项基金双线评审，即本土的创新创业人才（团队）自主申报，基金管理公司对接全国创新创业人才（团队），对高层次人才早中期创业项目主动挖掘、推动转化，由基金管理人推荐的项目，直接进入前置审查阶段，实现"内培""外引"双轮驱动。

突出"专门化"，探索"投贷联动+事后奖补"新举措。设立 7000 万元的"科技贷"风险补偿资金池，签约合作 11 家银行联动支持科技企业、科技项目和创新人才。人才专项基金与"科技贷"银行合作，对单个创新创业人才（团队）人才项目提供最高 2000 万元额度的科创金融贷款，贷款方式鼓励采用纯信用贷款，以抵押担保方式发放的抵押或担保比例原则上不超过贷款额度的 50%，缓解高层次人才（团队）组建的科技型轻资产企业在贷款融资方面的难题。选择一家或多家"科技贷"合作银行，为高层次创新创业人才（团队）项目"打包"设计金融支持方案，形成"河洛英才计划"人才（团队）与"科技贷"合作银行的战略合作，多措并举支持高层次创新创业人才（团队）健康发展。与此同时，在人才专项基金和科技贷款支持人才项目基础上，按照项目完成绩效目标后研发费用的 10% 给予奖励，最高奖励 200 万元，由项目单位按贡献情况奖励相关人才。

（三）创新资金保障模式

2023 年，洛阳片区新增河南省文化旅游融合发展基金三期、洛阳国苑科创私募股权投资基金、国浩新兴产业投资发展基金等 4 支基金，在运营基金

17 支，总规模达到 127.4 亿元，累计产业投资达到 41 亿元。助力企业纾困解难，办理全口径增值税留抵退税 3700 万元。持续用好金融工具，发行专项债 7.9 亿元，帮助企业获得融资 11 亿元。使用"天使贷"12 笔，合计贷款金额 4296 万元。积极推进"科技创新积分制"试点，新增 137 家企业参与第二批试点，推动银行授信 35 亿元。

（四）创新数据要素配置模式

郑州片区积极落实《河南省数字经济促进条例》《河南省数据交易管理办法（试行）》《郑州市数据要素市场化配置改革行动计划（2023—2025 年)》等省市有关文件，释放数字经济和实体经济融合发展的潜能活力，赋能数字经济高质量发展。扎实推进数据要素市场化配置改革，建设数据创新中心（DBD）和郑州数据交易中心，积极招引国家级公共数据源和互联网数据源。推进建制度、立规则、强平台"三位一体"数据交易全链条集成创新，积极探索适应数字经济发展的数据要素市场化配置路径和交易样板，持续提升数据流通交易发展能级。

洛阳片区不断提升外贸数字化能力，支持日辰集团、玖运国际等跨境贸易数字化服务商与本地优势企业对接合作，推动更多企业从传统外贸方式向数字化贸易平台升级。引进了洛阳钼业全球财务共享服务中心、全球信息技术共享中心、河南游盛科技集团有限公司等优质企业，建设了河南省数字游戏产业基地，吸引入驻数字经济类企业 34 家，产业集聚效应逐步显现。

2023 数字文化大会在开封国际文化交流中心举行，会议以"数字驱动发展，文化引领未来"为主题，深入探讨数字文化产业的未来走向，以及在全球化背景下如何更好推进文化交流与合作。会议还举行了项目签约仪式，中关村人才与产业创新基地项目、5G 定制网战略合作项目等 8 个项目成功签约，持续为开封数字文化和产业创新增势赋能。

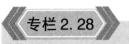

专栏2.28

建制度、立规则、强平台"三位一体"集成创新推进数据流通交易

郑州片区坚持"政府引导、市场运作、创新引领、制度赋能"原则，协同郑州数据交易中心推进建制度、立规则、强平台"三位一体"数据交易全链条集成创新，立体打造高能级数据交易中心，积极探索适应数字经济发展的数据要素市场化配置路径和交易样板，持续提升数据流通交易发展能级。

建立明确数据要素分级分类和权属分置制度。一是建立数据要素分级分类管理制度。规定按照数据属性类别、重要程度、风险等级等因素进行分级分类。制定不能交易或严格限制交易数据负面清单。二是建立数据权属结构性分置制度。明确自然人、法人和非法人组织在使用、加工及二次创新等数据处理活动中形成的数据财产权益。确立数据资源持有权、数据加工使用权、数据产品经营权"三权分置"的产权运行机制。

完善数据要素流通和交易制度。一是构建运营规范体系。出台国内首个面向职业数据经纪人的管理办法，明确数据经纪人准入、提升、执业、退出等管理规范。出台国内首批规范化的场外交易备案管理办法，开展形式和内容审核，避免场外交易的无序、无效刷单。二是建立数据资产市场化定价模式。基于成本法、收益法、市场法定价模型，结合数据权利类型、权利取得方式、权利期限、权利范围等指标，构建业务运营模式、数据处理活动、合规跟踪评估体系，开发数据资产价值评估系统。

构建平台自律与行政监管相结合的监管规则。一是明确数据要素综合服务平台事前准入制度和自律监管职责。完善数据交易场所信任机制，支持其加快健全数据要素登记及披露机制、数据交易标的溯源核查机制、数据使用场景合规评估机制。二是明确数据交易行政监管主体。由金融、工信、政务服务等数据管理部门共同主导数据交易行政监管，郑州数据交易中心利用区块链技术从数据通报、交易溯源、交易分析、异动监控等多个方面履行监管职责，对交易主体、数据资源、数据需求、交易订单等进行监管，促进监管工作的客观公正。

搭建集约高效的综合服务平台。建设高效、公平、安全、可信、合规的数据要素综合服务平台。基于大数据、区块链和隐私计算技术，打造集"产品登记、在线交易、在线交付、交易监管"功能于一体的"1+12+N"服务架构体系。构建1个大数据基础平台底座，集成数据治理、数据加工等功能模块，解决数据资源向数据服务转换难的问题；构建12个数据要素流通业务子系统，覆盖数据资产登记、数据资产交易、数据资产评估、合规监管和交易激励分配五大功能模块，支撑数据资源化、资产化、资本化，实现数据要素流通交易全流程综合解决方案、自动化合规保护、多维增强激励、公平合理分配目标，解决数据交易市场流转利用难、合规监管难、激励分配难的问题；构建包含数据安全、网络安全、人员安全、应用安全等内容的N套安全管控体系，防范数据安全风险，完善数据安全治理体系。

（五）创新科技要素保障模式

强化科技创新支撑保障，提高高水平科技自立自强能力、全球资源要素配置能力，打造多个具有竞争力的产业集群，创新高地建设成效逐步凸显。

郑州片区高度重视高端人才培育引进工作，出台专项人才政策，吸引高层次人才在郑州片区投资兴业。筹划出台《关于加快推进中原科技城协同创新发展的若干意见（征求意见稿）》等政策，加强创新主体培育和提升企业自主创新能力，提升创新载体发展实力。构建"科技型中小企业—高新技术企业—瞪羚企业—创新龙头企业"创新型企业全生命周期培育体系。郑州技术交易市场首创基于数智化手段的技术"能力交易"新模式，以科研机构"能力"为交易标的，创新推出企业"需要什么"就"研发什么"，有效提升了供需匹配的精准度。联合知识产权维护保护中心在郑州片区综合服务中心设立知识产权综合服务窗口、维权保护工作站，提供一站式综合服务。建立和完善知识产权联合执法、案件移交协办、行政执法与司法衔接、联席会议、举报奖励等制度，探索建立郑州片区知识产权跨部门执法协作工作服务机制。加强与黄河流域自贸试验区交流合作，与山东自贸试验区烟台片区达成《知识产权保护"一体化协作"合作协议》，加强知识产权协同保护。

专栏2.29

创新技术"能力交易"探索科技成果转化新模式

为解决传统技术交易模式中研发与市场脱节、供需匹配难和转化成功率低等难题，郑州技术交易市场首创基于数智化手段的技术"能力交易"新模式。改变过去科研机构"有什么""卖什么"传统做法，以企业需求为出发点，以科研机构"能力"为交易标的，创新推出企业"需要什么"就"研发什么"，推动技术供需双方形成"需求导向、定制研发、能力交易"的新型合作方式，将技术交易周期由"研发后"前置为"研发前"，实现了从"购买利用现有成果"向"储存未来创新能力"转变，有效提升了供需匹配的精准度，促进了产研深度融合。

推出技术"能力清单"全维度交易工具，建立"能力清单库"。在技术能力交易模式中，技术团队"能力"如何展现，是推动交易成功的关键。经过深入调研，郑州技术交易市场开发出技术"能力清单"全维度交易工具。技术"能力清单"以高校院所、科研机构的实验室、技术团队为单位，内容包括团队领头人、人才组成、主要研究方向等基础信息，完成的纵向项目和开展的横向合作等科研信息，在研项目、知识产权、获奖情况、意向合作等延伸信息，实现了对技术团队"能力"的全方位展现。依托该工具，郑州技术交易市场与清华大学、西安交通大学等60余家高校院所开展合作，梳理技术能力清单600余项，涵盖了新材料、绿色能源、生物医药、先进制造、智能传感等多个领域，建立"能力清单库"。

以规模以上工业企业研发活动全覆盖为抓手，建立企业"技术需求库"。深度参与全省规模以上工业企业研发活动全覆盖工作，以郑州为重点，通过逐一核实，累计梳理具有技术需求企业 3000 多家，筛选真实有效需求 1100 多项，形成了企业技术需求库并持续汇聚。在此基础上，按照产业领域、紧急程度、支付能力等因素，确定 173 项需求进行重点推介和匹配。

线上线下相结合，多形式融合推广促进技术精准匹配。一是通过线上平台智能优选工具，实现"能力清单库"和"技术需求库"智能匹配；二是对初步匹配结果进行人工二次介入，对匹配度高的项目，安排专人跟进，组织供需双方进行深度对接。同时，通过新媒体平台及新闻媒体，常态化开展企业需求、能力清单发布，对新材料、清洁能源、生物医药等重点领域，联合清华大学、郑州大学等科研机构举行专场发布会，通过多种形式推动技术供需双方精准匹配。

开封片区充分发挥创新载体的孵化培育优势和企业、高校的专业技术力量，加强科技人才的培养和引进，加快促进科技成果转化和产业化进程，有效带动"政校企"多方协作融通。开封经济技术开发区产教联合体入选河南省首批产教融合型城市建设试点名单。打造创新平台载体，2023 年开封智慧岛正式揭牌，引进高层次创新型人才 46 人，高层次产业技术创新研发及成果产业化团队 5 个，院士 3 位，行业领军人物 2 人，现拥有基金 37 支，投资项目或企业 26 项，利用人才资源和金融服务加速原始创新向生产力转化。

专栏2.30

以"产学研"合作引领"政校企"深度融通

搭建平台，科创引智。一是深化开封智慧岛双创载体建设。通过引入高端资源打造开封智慧岛，高标准规划"大学即是城，城即是大学"的"一岛四片区"发展格局，积极推进"空间+孵化+基金+服务+生态"的运营模式，招引科技企业以飞地模式实验室的形式入驻，吸引中高端人才集聚，完善全链生态，构建智慧城市体系。二是打造科创院所，推动科技企业孵化。以国家级科技企业孵化器为载体，打造开封市科创中心，现有斯高电生理研究院、启源研究院、天津大学中原先进技术研究院等科创单位入驻。三是联合河南大学共建郑开产学研创新基地。已入驻河南大学生命科学院、软件学院、数学院、物理学院、药学院等10个院系，首批建设16个科研机构，共同打造政、校、企一体化的共享科技生态园。

项目带动，研学培育。一是引导企业不断提升研发实力。加速推进建设奇瑞汽车研发中心项目、超高水氧阻隔膜项目、中兴移动式恒鲜仓项目等一大批具有较高科技含量的项目，使其具备承担省、市级科技项目的研究开发和科技成果转化能力。二是着力实施"专精特新""小巨人""隐形冠军"梯次培育计划。全区集聚国家级众创空间、科技企业孵化器2家；培育国家级高新技术企业44家，国家级"专精特新小巨人"1家，河南省"瞪羚"企业2家，国家级科技型中小企业75家。三是强化科技金融服务平台建设，加大金融产品和服务创新。

人才支撑，激发活力。一是强化"政校企"合作。与河南大学、河南规划研究院、开封大学、开封文化艺术职业学院等院校签署战略合作框架协议，成功引入河南大学、河南财经政法大学等高校教授、博士生挂职；多次举办高校毕业生双选会，累计提供岗位1.8万余个。二是组建专家智库团队。聘请国家级经开区绿色发展联盟、深圳前瞻产业研究院、德意志交易所等专业研究机构，组成第三方智库团队，为开封片区高质量发展建言献策。三是组织企业人才申报。全区现有创业或技术项目合作的"千人计划"专家4人，"青年千人计划"、国家级"杰青"专家1人，"黄河学者"1人。

洛阳片区以提升自主创新能力赋能片区建设发展为导向，推出企业分类培育、"政产学研用金"创新创业服务体系、"内孵外延"企业融通型载体、打造技术成果中试熟化平台等创新举措，不断加强创新型企业、平台、人才、科技金融等建设。一是抓好创新平台建设。2023年，新增市级以上创新平台57个，其中国家级创新平台2个、省级平台7个。截至2023年年底，片区市级以上创新平台数量达到 607 家，较 2017 年翻了一番；市级以上孵化载体 26 家，较 2017 年增长了 1.6 倍；其中国家级孵化载体 11 家，较 2017 年增长了 2.67 倍。二是加快建设科技产业社区。加速周山智慧岛、光电智荟科技、725 新材料、中航光电高端互联、国家大学科技园智能制造等 8 个科技产业社区建设。三是对企业实施分类培育。按照创新能级不同实施企业分类培育，着力培育科技型中小企业、专精特新小巨人、高新技术企业，构建全周期梯次培育体系。2023 年，片区科技型中小企业达 950 家，较 2017 年翻了近五番。高新技术企业 455 家，较 2017 年翻了两番。四是提升企业 R&D 支出占比。2023 年，片区有效发明专利 3293 件，较 2017 年增长了 71%。国际 PCT 专利申请 65 件，较 2017 年增长了 2.8 倍。五是加快周山智慧岛建设。截至 2023 年年底，洛阳周山智慧岛建设工作取得阶段性成效，区域内新增创新型企业 103 家、金融类金融机构 51 家、引进培育高层次人才 40 人、国家级科创平台 4 个，积聚各类企业 703 家、省级以上创新平台累计 48 个、年均专利授权量 1717 件，成为区域具有示范作用的创新创业策源地、创新发展新引擎。

2017 年至 2023 年，洛阳片区评价入库国家科技型中小企业从 32 家增至 950 家，占全市总数 30%；高新技术企业从 111 家增至 455 家，占全市总数 29.3%；规模以上工业企业从 105 家增至 149 家；研发投入强度升至 8.6%，科技从业人数从 11 万人增至 20 万人；市级以上创新平台数量达到 607 家，其中国家级 17 家、省级 138 家；技术合同成交额达 29.5 亿元，占全市总额 24% 以上。

专栏2.31

创新打造"内孵外延"企业融通型载体

洛阳片区内生物医药行业龙头企业普莱柯生物工程股份有限公司（以下简称普莱柯）充分发挥创新引领优势，依托全资子公司洛阳中科科技园（以下简称科技园）高端专业孵化功能，利用现有研发、产业基础与创新优势，实施内部创新驱动，按照"政府引导、市场运作、专业服务"的运营模式，利用政府及社会资源优势，探索"内孵+外延"的创新型孵化模式，通过打造引进人才促发展的良好环境、完善生物医药产业链、发展专业园区、加强企业服务、建立全生命周期服务体系等举措，培育创新型产业集群，成为科技创新创业的重要阵地。

打造引进人才发展的良好环境。普莱柯瞄准"兽用生物制品"细分领域，进行研发突破点填充和产业链增补，鼓励内部员工和产业内各类人群，围绕细分领域开展各种形式的创新创业活动，以制度做保障，研发人员在完成岗位研发任务后，可围绕课题分支进行深挖，开展内部创业。通过"事业留才"，人才在企业的平台上得到更好的发展，又补充了公司研发空白领域，推动上市产品的升级换代的"内孵"。

完善生物医药产业链，延链补链增量发展。通过品牌影响、研发平台、营销网络、产业化和资本市场等优势，向生物医药产业链上下游挖掘新的项目，吸引产业链外围的优质资源，在研发、孵化、加速、产业化方面强强联合，推动产业链的强化和"外延"的扩展。在围绕动物生物制品，特别是疫苗和诊断试剂产品方面，从上游的生物工程，到下游的疫苗产业化，实现全链条技术平台的无缝对接。

专栏2.32

打造技术成果中试熟化平台

洛阳片区发挥自创区和自贸试验区双区叠加优势，围绕先进装备制造、新材料、关键零部件、生物医药等领域，率先在全省探索中试基地规范化建设，真正把中试基地打造成熟化技术成果、促进产业发展的重要载体和开放共享平台，推动"基础研究—技术攻关—技术应用—成果产业化"全过程无缝链接，打通了科技成果转化的"最后一公里"。

一、构建政策体系。2020年洛阳市科技局出台《洛阳市中试基地建设推进工作方案》，明确了中试基地建设的总体思路、基本原则、建设目标、主要任务等，在全省率先开展中试基地备案工作。市科技局出台《中试基地管理办法》《中试基地绩效考核评价办法（试行）》，进一步规范管理与职责、条件与程序、考核与服务，形成了较为完备的政策体系。

二、突出建设主体。在先进装备制造、新材料、关键零部件等领域，突出龙头企业、高校院所、科技产业社区三个建设主体，立足科技成果验证和小批量试生产定位，不断提升中试基地建设水平。1. 龙头企业（产业研究院）。重点依托行业龙头企业以及联合成立的产业研究院建设中试基地，围绕主导产业和产业集群，扩散新技术新模式、加速工程化产业化，促进产业集群创新发展。2. 高校院所。重点依托省属驻洛高校、央企驻洛科研机构、省市级新型研发机构建设中试基地，围绕未来产业和特色产业，提供实验技术的二次开发和中试熟化等服务，为产业发展提供成熟产品和工艺，形成新产品，催生新产业。3. 科技产业社区。重点建设产业覆盖广泛、低成本、开放式、便利化中试基地，围绕新产业新业态，提供从原始创新到产业化全流程服务，开展新产品新技术验证，搭建科技产业孵化平台，集聚培育科技型中小企业，构建全链条产业创新生态。

三、规范有序推进。1. 加强后备培育。开展拟建中试基地调查摸底，建立"中试基地建设培育库"，指导29家入库企业（单位）健全机制，完善设施，先行开展中试服务。对建设成熟、运营良好的，及时备案为中试基地；对符合全省重点支持产业领域的，择优推荐申报省级中试基地。2. 明确建设标准。要求中试基地符合省市科技发展规划确定的重点发展产业领域，有良好市场前景的中试产品和中试项目，具有承担中间试验任务的设备和能力，在相应技术领域具有较强的科研开发实力，研究、开发、经营管理队伍结构合理，运营管理制度机制健全，科技成果转化成效明显。3. 规范建设模式。根据全市产业发展和科技成果转化需求，统筹布局，自上而下开展建设。市级层面顶层设计，各县区组建管理，依托单位建设运行，形成协调推进合力。4. 完善对接机制。面向社会发布《洛阳市中试基地服务清单》，明确49项服务内容，向有中试需求的高校、科研机构、行业内企业或团队（个人），提供中试设施、数据模拟、样品试制、产品示范等服务，推动开发高附加值的系列新产品、新装备。

第三部分
片区发展篇
PIANQU FAZHAN PIAN

一、郑州片区

郑州片区紧紧围绕"两体系、一枢纽"战略定位，以推动高质量发展为主题，发挥自贸试验区对外开放引领作用，不断强化制度创新，持续优化营商环境，有力推动外向型经济发展，创新发展取得新进展。

（一）建设成效

2023 年，郑州片区新入驻企业 1.66 万家，占郑州市新设立企业比重 11.3%；实际使用外资 1.45 亿美元，同比增长 153.26%；外贸进出口额突破 2400 亿元。全年签约重大项目 118 个，投资总额 764 亿元。截至 2023 年年底，新注册企业 9.3 万家，以不到全市 1% 的土地面积贡献全市新注册企业数的 13%；累计实际利用外资 9.15 亿美元，连续三年保持两位数增长。

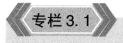
专栏3.1

2023 年郑州片区标志性成果

● 入驻企业 2023 年，郑州片区新入驻企业 1.66 万家，占郑州市新设立企业比重 11.3%，新入驻外资企业 52 家，注册资本 374.66 亿元。累计新注册企业 9.3 万家，以不到全市 1% 的土地面积创造全市新注册企业数的 13%。

● 制度创新 截至 2023 年，形成制度创新成果 360 项，其中全国首创 52 项，全省首创 87 项，12 项制度创新成果在全国复制推广。"航空货运电子信息化"新近入选国务院第七批改革试点经验。

● 复制推广 郑州片区具备复制推广条件的 246 项国家推出的复制推

广改革试点任务，已全部推广，推进完成率100%；推广了具备复制推广条件的37项河南省委改革办、自贸办联合发布的前三批最佳实践案例，推进完成率100%；正在复制推广19项省委改革办、省自贸办联合发布的第四批最佳实践案例。

● 外向型经济 2023年，实际吸收外资1.45亿美元，同比增长153.3%，占河南自贸试验区的79.9%，占全市的61.3%。累计实际利用外资9.15亿美元，连续三年保持两位数增长。2023年，外贸进出口突破2400亿元。

● "四路"融合 2023年，中欧班列（郑州）规模达到2800班；中欧（亚）班列开行3269列，增长168%；跨境电商交易额1261.61亿元，同比增长6.69%。郑州机场新增郑州至日本和南亚的第五航权航线配额，扩大经郑州至美国的第五航权覆盖范围。全货机航线拓展至49条（国际地区32条），通航城市61个（国际地区43个）。货邮吞吐量60.8万吨，居全国第六，其中国际地区38万吨，第五航权航线国际货运量21.3万吨，占比56%，较2022年提高17个百分点。

1. 扎实推进各项任务落实

一是强化制度支撑。相继印发实施郑州片区建设三年行动计划、五大服务体系建设实施方案及深化提升方案、改革试点任务分解方案、营商环境优化提升实施方案、"一次办妥"改革实施方案、"证照分离"改革实施方案等20多个专项方案，构筑了片区创新发展"四梁八柱"制度支撑。

二是梳理打造"全域自贸"可落地的创新举措。学习借鉴全国自贸试验区（港）实施的改革创新事项，整理郑州打造"全域自贸"可落地实施的49项改革创新举措清单，其中30项作为"全域自贸"第一批改革创新举措推广实施。对高频事项办理流程进行优化，压缩办理时限，提高服务效率。

三是落实自贸试验区重点工作清单和2.0版建设任务。结合省自贸办下发的重点工作清单和2.0版建设任务，建立工作台账，分别细化30项、19项举措，分别明确 20 个、16 个责任部门，对照台账任务落实推进，基本完成进度任务。

四是复制推广改革试点经验。国务院、商务部推出复制推广改革试点经验任务共计 302 项，郑州片区具备复制推广条件的 241 项，已全部推广，推广完成率 100%；河南省委改革办、省自贸办联合发布的前三批最佳实践案例 43 项，郑州片区具备复制推广条件的 37 项，已全部推广。国务院第七批改革试点经验 24 项任务和省委改革办、省自贸办联合发布的第四批最佳实践案例 19 项任务正在复制推广。

2. 开展系统集成制度创新

强调自贸试验区在制度型开放中的核心引领作用，持续深化规则、规制、管理和标准等制度型开放，积极推进交通物流多式联运的全产业链创新，实施跨境电商等重点领域标准创设工程。"四路协同"、跨境电商、期货交易、"放管服"等领域系统改革创新走在全国前列，"跨境电商+空港+陆港+海港"运营模式使"空、陆、网、海"融合并进优势进一步显现，跨境电商全链条创新构筑了创新发展的产业生态（见表 3.1）。

一是推进贸易自由化便利化。完善优化国际贸易单一窗口功能，覆盖口岸大通关全流程，服务跨境电商、一般贸易、加工贸易等多种贸易形态，实现了企业通关业务的"一网通办"，目前已吸引 4 万余家企业入驻，服务上下游企业 7 万余家。依托国际贸易"单一窗口"，率先推出"通关模式智选菜单"，通关效率提升 20%。持续推进通关监管模式创新，探索实施原产地证书"信用签证"监管服务新模式。首创国内期货市场出口保税交割模式，制定符合海关及期货交割流程的 PTA 保税交割创新方案，结合境外买方提交割申请与车（船）板交割，为境外客户参与出口类商品期货创造了高效合规途径。提高跨境电商通关便利化和监管效率，全面实行无纸化通关、"即报即备"、"即查即放"等举措，大幅提高通检效率。建立"提前申报、快速核放、分类监管、质量追溯"的监管方式，确立跨境电子商务 B2C 进出口标准化监管流程。积极推动数字贸易发展，扎实推进数据要素市场化配置改革，建设数据创新中心（DBD）和郑州数据交易中心，积极招引国家级公共数据源和互联网数据源。印发《2023 年郑州市数字经济发展工作方案》《郑州市元宇宙产业发展实施方案（2023—2025 年)》《郑州市元宇宙产业发展若干政策》等政策措施，组织编制《郑州市元宇宙产业发展规划》。截至 2023 年，在"五大专项""四条丝路"等方面累计形成规则、规制、管理和标准等创新成果 249 项。其中"航空货运电子信息化"新近入选国务院第七批改革试点经验。

二是优化投资服务。优化外资准入管理和服务，出台《关于建立郑州市国际商事纠纷多元化解决中心诉调对接工作机制的实施意见》《郑州市中级人民法院涉外商事案件审判指引》《关于涉外商事纠纷诉讼、调解、仲裁多元化解决一站式工作机制建设工作方案》等文件，建立涉外商事纠纷一站式解决机制。在外汇管理业务中，除目前国家规定没实现完全可兑换的金融业务，其余金融业务已实现中外资企业同等待遇。健全投资促进和保护体系，编制外商投资指引，修订完善重点外资企业"服务官"制度，印发《外商投资宣传册》，创新推动建立港澳籍人民陪审员库，健全区内投资促进和保护体系。

三是深耕金融领域开放创新。着力推进商品期货、绿色金融等方面的创新，累计形成 67 项制度创新成果，其中全国首创 13 项。2023 年，郑商所上市期货期权品种达 10 个，期货期权品种累计达 41 个，上市品种、持仓量、成交量均居国内五大期货交易所首位，新增菜籽油、菜籽粕、花生期货和期权为境内特定品种引入境外交易者参与交易。借鉴公募 REITs 设计思路，结合市场上资产证券化产品的特色和实践经验，全国首创地方法人金融机构发行全国银行间市场首单类 REITs 产品，项目规模 5.35 亿元，成为全国首单供应链行业并表权益类 REITs 产品。相继开展合格境外有限合伙人（QFLP）、知识产权证券化等创新探索，有力支持实体经济发展。"探索开展碳排放权配额质押贷款业务模式"入选河南自贸试验区第四批最佳实践案例，成功发放河南省城商行首笔碳排放权配额质押贷款。

四是深化跨境电商领域标准创设。依托易宝支付，在全国率先落地跨境电商零售出口企业核定征收政策、跨境电商新业态海外仓海关便捷备案，形成跨境电商行业全链条、集成式创新成果。推进跨境电商标准化创设，研讨电子商务及跨境电商领域国家标准和国际标准创设，做好国家标准的发掘和推进工作。

表 3.1　2023 年郑州片区改革创新标志性成果

序号	名称	效果
1	航空货运电子信息化	入选国务院第七批改革试点经验
2	创新技术"能力交易"探索科技成果转化新模式	入选河南自贸试验区第五批最佳实践案例
3	"通关模式智选菜单"应用	入选河南自贸试验区第五批最佳实践案例
4	集成创新推进数据流通交易	入选河南自贸试验区第五批最佳实践案例
5	涉企服务"三免一全"	入选河南自贸试验区第五批最佳实践案例
6	构建"金枫讼爽"诉源治理模式	入选河南自贸试验区第五批最佳实践案例
7	"区港一体化"管理模式	入选河南自贸试验区第五批最佳实践案例
8	优化期货市场标准仓单登记查询服务	入选河南自贸试验区第五批最佳实践案例
9	跨境电子商务零售进口药品试点	入选河南自贸试验区第五批最佳实践案例
10	创新跨境电商企业所得税核定征收实施路径	入选河南自贸试验区第五批最佳实践案例
11	中欧班列智慧场站管理	入选河南自贸试验区第五批最佳实践案例

3. 加快推进平台建设

一是助力空陆网海"四条丝路"开放平台建设。连续举办七届全球跨境电商大会、七届中国（郑州）国际期货论坛、首届郑州—卢森堡"空中丝绸之路"国际合作论坛，高层次、高规格论坛成为制度创新、产业对接、规则标准创设研讨的重要载体平台。

二是加强 RCEP 示范区建设。落实《郑州市建设 RCEP 示范区实施方案》年度任务，上线应用"智享惠"企业关税享惠服务平台，设立河南省 RCEP 企业服务中心。截至目前，RCEP 企业服务中心窗口共受理办结 RCEP 原产地证书签发等各类业务 10283 件。强化区域合作联动，就 RCEP 示范区建设与青岛达成合作意向，搭建交流合作平台。共同主办 2023 年重点外贸外资企业 RCEP 专题培训班，以政策宣传培训帮助外资外贸企业进一步掌握 RCEP 政策。

三是新设移民事务服务中心。在郑州片区综合服务中心新设移民事务服务中心，集政务服务、政策宣介、移民融入等多功能于一体，首创集成式涉外政务服务，实现在郑外国人办理工作许可、工作居留许可一套材料、一次申请、一窗办理。

4. 增强枢纽能级

聚焦空陆网海"四条丝路"开放平台，加快开放通道建设。

一是"空中丝绸之路"越飞越广。郑州机场已形成横跨欧美亚三大经济区、覆盖全球主要经济体的客货运航线网络。郑州—卢森堡"双枢纽"合作不断深入，郑卢"空中丝绸之路"十年来货运量超百万吨。郑州—柬埔寨—卢森堡新"空中丝绸之路"扎实推进，郑州—金边双枢纽正在形成。举办第二届郑州—卢森堡"空中丝绸之路"国际合作论坛，列入第三届"一带一路"国际合作高峰论坛89项多边合作成果之一。2023年，完成货邮吞吐量60.8万吨，居全国第六，其中国际地区货邮吞吐量38万吨，第五航权航线国际货运量21.3万吨，占比56%，较2022年提高17个百分点。

二是"陆上丝绸之路"越跑越快。中欧班列集结中心加快建设，中欧班列（中豫号）已形成覆盖欧洲、俄罗斯、中亚、东盟和亚太（日韩等）的"二十二站点、八口岸"国际物流网络体系。2023年，中欧班列开行超2800班。中欧班列（郑州）运行以来，已累计开行超10000余班，货值221亿美元，货重313万吨。TIR卡车航班已开通运营中欧、中亚、中俄等专线，累计发车3853辆，货值约46.70亿元。卡航郑州集运中心—中亚、中俄货物集散中心每周定班发车，业务规模逐步加大，拓展了空、海、铁之外的陆运新通道。

三是"网上丝绸之路"越来越便捷。跨境电商业务覆盖全球近200个国家和地区。2023年，跨境电商交易额1261.61亿元，同比增长6.69%，"买全球、卖全球"目标基本实现。

四是"海上丝绸之路"越来越顺畅。相继开通并不断加密至青岛港、连云港港、舟山港、北仑港、太仓港、杨浦港、钦州港等铁海联运班列，计划开辟至广州、海南、云南线路，谋划建设郑州港，有序推进内河水运和河海联运建设。2023年，郑州中心站海铁联运到发集装箱40689标准箱。

五是口岸功能越来越完善。拥有航空、铁路2个一类口岸，新郑、经开2

个综合保税区，集汽车、粮食、邮政等 9 个功能性口岸于一体的"2+2+9"口岸体系。铁路场站吞吐作业能力可达 45 万标准箱。依托功能性口岸，中欧班列（郑州）实现了全线双向运邮贯通，通关效率大幅提高，整体通关时间较 2017 年压缩一半，实现"7×24"小时高效通关服务。

5. 夯实项目支撑

推动主导产业和特色产业发展，编制完成自贸试验区产业发展规划和空间布局规划，形成高端装备制造、汽车制造、电子信息、生物医药 4 个第二产业，现代金融、现代物流、电子商务等 8 个第三产业以及数字产业的发展格局。发展壮大先进制造业，发布《郑州市进一步加强制造业高质量发展若干政策》，着力优化制造业高质量发展环境，加快建设国家先进制造业高地。依托富士康高端手机机构件升级改造智能制造项目发展智能终端产业；依托中铁高端智能化装备产业园项目发展高端装备产业；依托郑煤机产业园等项目发展智能制造产业；依托安图生物产业园项目、中源协和华中区域细胞制备中心等项目发展生物医药产业。培育发展战略性新兴产业和未来产业，依托海马汽车混合动力乘用车研发及产业化等项目加快新能源及智能网联汽车产业发展；依托中原科技城智慧产业创新园、腾讯（中原）智慧产业总部项目发展元宇宙等战略性新兴产业。2023 年，郑州片区新签约重点项目 118 个，签约总额 764 亿元，重要项目包括投资 50 亿元的盒子汽车整车项目、中航建设集团华中区域总部项目、中原超级总部基地项目、河南省元宇宙科创产业园、郑州东站东广场利信置业五星级酒店项目、中国南水北调集团功能性总部、中菜实业河南总部等项目。

6. 多举措稳外资外贸

2023 年，新入驻外资企业 52 家，注册资本 374.66 亿元。累计实际利用外资 9.15 亿美元，连续三年保持两位数增长，外贸进出口突破 2400 亿元。多举措促进外资外贸高质量发展。一是多次赴外资外贸企业进行调研座谈。了解企业外资外贸发展情况，及时掌握企业情况，为企业排忧解难。二是建立专人专访机制。针对合同外资金额超过 100 万美元的新设外资企业进行专人专访，一对一向近期有进资意向的外资企业重点督促指导。三是开展"稳外贸送政策"小微出口企业外贸政策申领活动。帮助片区出口企业用足用好政策性出口信用保险工具，94 家年出口 300 万美元（含）以下小微企业成功申领政策。四是举办政策宣讲会。举办跨境金融便利化政策宣讲会，探索银企合作机制、搭建银企合作平台。

7. 不断优化营商环境

2023 年，郑州片区大力开展营商环境重点领域攻坚，聚焦市场主体准入、准建、准营、准退等开展全生命周期集成化改革创新，在商事登记、工程建设、法治环境等方面探索新举，以制度创新深入推进营商环境持续优化提升。

一是认真做好国家级功能区营商环境评价工作。积极参与省营商环境评价中国家级功能区的评价工作，郑州片区营商环境已连续两年在全省国家功能区评比中指标表现排名第一、综合得分优秀。

二是持续深化商事领域改革。深入推进"证照分离"改革，通过"一码通办""政务数字员工"等措施，简化登记流程，提高企业注册效率。设立"绿色通道"和"一窗受理"窗口，为前来办理业务的特定群体，提供"专人负责、优先办理、急事急办，特事特办"的服务，设立"办不成事"窗口，兜底受理和解决企业群众办事时遇到的难题，着力解决政务服务的痛点、堵点、难点。上线全国首家企业登记实名验证系统，实施"三十五证合一"改革、集群注册等举措。准营领域，全面推行"证照分离"，实施经营范围规范化、"郑开同城、自贸通办"等服务创新。准退领域，率先试点企业简易注销登记改革，扩大适用范围，简易注销登记的公告登记时间从 45 个自然日压缩到 20 个自然日。探索创新"服务八同步""拿地即开工"。在全国率先探索"交房即发证"，实现住权与产权同步。对企业办理《公众聚集场所投入使用、营业消防安全许可证》实施告知承诺制。探索实施国有建设用地出让"先考古，后出让"的文物勘探前置改革。

三是做好省级下放权限承接审批工作。加强与省、市有关部门沟通协调，特别是城建等审批业务专业性较强的部门，加强业务培训，严格依法依规审核审批。2023 年，共办理省级下放权限承接事项 8 项行政事项 203 件（次）。

四是应用新技术提升服务能力。郑州海关联合河南电子口岸有限公司在

"通关模式自选菜单"服务的基础上进行技术升级，在全国率先研发推出的"通关模式智选菜单"应用系统正式上线。全省企业只需登录中国（河南）国际贸易"单一窗口"，通过该应用系统选择好"运输方式、商品类型、预期货物提离地点、预期报关单申报与缴税时间、是否申请转关业务"等选项，系统就会结合企业商品特征和需求，自动匹配出最优"通关+物流"组合模式。创新推出"政银企合作"代办工商登记"直通车"服务模式，率先实现银行网点代办商事登记业务、推行"企业开户一站通"业务。建成"一网办、不见面、一次也不跑"全程电子化登记系统。

五是对接高标准优化营商环境。郑州海关公布优化营商环境22条举措，从畅通进出口物流、促进跨境贸易便利化、帮助企业减负增效、服务外贸创新发展等方面，提出多项"高含金量"的支持政策及创新举措。主办首届中原自由贸易区法治论坛，发布《知识产权领域对接国际高标准经贸规则郑州倡议》。组织开展以"推进知产保护宣传赋能营商环境优化"为主题的助企活动。

（二）建设展望

郑州片区将全力推进实施自贸试验区提升战略，聚焦打造"丝路自贸区"，建设开放创新联动区和申建自贸试验区空港新片区，对标国际高标准经贸规则，深化政务、监管、金融、法律、多式联运"五大专项"服务体系建设，大胆探索推进投资、贸易、运输、资金、人员往来、数据跨境流动"六个自由"。2024年，力争形成高质量制度创新成果30项以上，新入驻企业1.5万家，实际利用外资增长10%，外贸进出口增长5%，税收增长10%，签约项目不少于80个，金额不少于500亿元。

1. 提升片区发展能级

加快出台《中国（河南）自贸试验区郑州片区提升战略实施方案》，聚焦强化"两体系、一枢纽"功能，持续推进贸易投资便利化、引育并重发展重点产业、建设服务国家战略的高水平国际合作平台等重点工作，推动片区深化改革创新。加快推动"全域自贸"第二批改革创新举措清单，收集整理一批含金量高的改革创新举措在全市印发推广。加强与市委编办等相关部门沟通，与高校、研究院及第三方咨询机构建立研究合作关系，强化自贸试验区高层次人才供给，开拓外脑提供智力支撑。研究新入驻一批涉企服务事项，改革高频事项办理机制，持续优化办理流程。强化制度创新专项考核评估，结合《自贸试验区建设考核评估办法》，强化激励约束，参照制度创新年度预期目标对相关单位开展制度创新工作绩效评估，同时出台政策创新评价交流机制方案，增强各主体开展制度创新工作积极性和主动性。

2. 持续推进开放通道建设

持续推动"四条丝路"建设，打造"丝路"自贸。举办"第二届郑州—卢森堡'空中丝绸之路'国际合作论坛"，加快郑卢模式复制推广，巩固拓展布达佩斯试点项目，打造郑州—东盟新"空中丝绸之路"，谋划组建本地客运基地航空公司。完善中欧班列国际线路网络，布局俄罗斯、越南等境外集散中心，强化"运贸一体、以运代贸"。深化跨境电商零售进口药品试点，扩大试点范围和业务规模。推进多式联运国际物流中心建设，加快郑州机场三期、郑州航空国际邮件枢纽口岸、国际陆港第二节点建设，加快国际陆港与国际空港联动发展，探索数字化港口建设。

3. 稳步提升制度型开放水平

实施对标国际高标准经贸规则、市场准入水平、改革系统集成协同创新"三项提升"。高标准推进 RCEP 示范区建设，分解落实《郑州市建设 RCEP 示范区实施方案》2024 年度任务，推动 RCEP 企业服务中心和移民事务服务中心完善功能，创新涉外服务机制，优化服务流程，丰富服务内容。对接 CPTPP、DEPA 等国际高标准经贸规则，研究借鉴上海打造制度型开放示范区 80 条措施、北京深化服务业扩大开放 170 余项试点任务，出台自贸试验区提升行动方案，围绕贸易投资便利化自由化、数字经济、期货交易、法律服务、"边境后"管理制度改革等重点领域开展压力测试、先行先试。深化政务、监管、金融、法律、多式联运"五大专项"服务体系建设，加强全产业链创新，大力开展首创性、集成性、差异化改革探索。制定实施郑州片区 2024 年重点领域创新清单，推进交通物流、跨境电商等领域产业链与创新链融合，推动产业链上下游、大中小企业融通创新。研究电子商务及跨境电商领域国家标准和国际标准创设，做好国家标准发掘和申报工作。推进郑州商品交易所扩大期货特定品种开放，创新期货保税交割商品出口新模式。支持郑州数据交易中心打造国家级数据交易所，中国电子郑州数据创新中心打造全国"数仓、数纽、数港"，探索开展数据交易、跨境数据流动监管创新。探索完善跨境数据分类备案机制，建立数据出境安全评估全流程监管体系。支持发展涉外法律服务业，加强自贸试验区法院涉外商事审判庭建设，支持新设涉外仲裁机构。探索开展药食同源商品进口通关便利化改革试点，优化非药用药食同源商品通关流程。

4. 持续推动重点产业高质量发展

完善新能源汽车产业链条，全面布局上汽、东风日产、海马汽车、宇通等新能源整车企业及深澜动力、智驱科技等关键零部件企业集群发展，支持智能网联汽车技术创新和推广应用体系建设。围绕总部经济、新金融、信息技术、互联网钢贸等产业，积极招引中海外超硬材料总部基地、国科（河南）干细胞产业园等一批"延链、补链、固链、强链"项目，打造高价值联动发展园区。重点发展生物医药、生命健康服务等产业，探索推动研究型医院、平台、企业等相关医疗机构合作，规范开展临床试验，推动干细胞医疗技术发展。在财税、人才以及国际物流、数字经济、知识产权、智能制造、保税维修、生物医药、文化贸易、离岸贸易等领域强化要素保障，推动出台专项支持政策。

5. 扎实推进营商环境优化

对标国际一流营商环境指标、国内先进自贸试验区（港）以及省市营商环境建设工作任务，深入企业开展调研，形成片区营商环境总结分析、营商环境优化提升建议报告，开展针对性整改提升。做好省级营商环境评估工作，力争在全省国家级功能区营商环境评估中继续保持第一。

二、开封片区

2023 年以来，开封片区以全国自贸试验区建设十周年为契机，以制度创新为核心对接高标准经贸规则，以产业发展为目标构建高能级开放载体，有效发挥开封综合保税区、国家文化出口基地等平台作用，不断促进外资外贸快速增长，形成经济高质量发展的良好态势。

（一）建设成效

2023 年，开封片区坚持顶层设计与基层探索相结合、制度创新与功能培育相结合、服务国家战略与促进区域协调发展相结合，在简政放权上做好"减法"，在营商环境上做好"加法"，在特色产业聚集上做好"乘法"，着力推进文化产业国际化发展，力争制度创新创出开封模式，走出了一条推进政府治理现代化、高标准对接国际规则、内陆地区高水平开放的新路径。截至 2023 年，累计入驻企业 7071 家，是挂牌前的 39.5 倍，其中超亿元企业 197 家，超十亿元企业 25 家，外资企业 46 家。2023 年，新设外资企业 7 家，实际利用外资 1863 万美元，同比上升 40.9%。2023 年，累计进出口 62 亿元，同比增长 94.4%，其中出口 47.3 亿元，进口 14.7 亿元。

专栏 3.2

2023 年开封片区标志性成果

- **入驻企业**　开封片区累计入驻企业 7071 家，是挂牌前的 39.5 倍

- **制度创新**　截至 2023 年，累计探索推出 181 项改革创新经验，10 项改革措施在全国复制推广。2023 年，2 项入选国家文化出口基地第三批创新实践案例。

- **外向型经济**　2023 年，实际利用外资 1863 万美元，同比增长 40.9%；累计进出口 62 亿元，同比增长 94.4%。

- **产业发展**　文化产业发展迅猛，2023 年文化及相关产业市场主体占企业总数约 50%；产业增加值占 GDP 约 25%。

---

1. 推动文化产业国际化发展

开封片区立足文化产业开放先行区建设，依托国家文化出口基地，聚焦"艺术品交易"和"文化金融"先行先试，创新打造"自贸+文化"发展模式，努力构建集艺术品投融资、鉴定、评估、确权、托管、流通等于一体的艺术品全产业链，着力推动特色文化产业对外开放与创新发展，大力发展文化贸易，近两年累计实现文化进出口总额约12亿元。

一是大力推进艺术品交易。设立中部地区首个艺术品保税仓——中国（河南）自贸试验区国际艺术品保税仓。截至2023年年底，艺术品保税文化产品进出口总额约1.7亿美元。探索形成了"聚焦国际化构建艺术品交易全链条服务体系"等制度创新成果；设立"一处一行三中心"，为探索艺术品交易全产业链配套服务提供了坚实保障。为破解文物艺术品"三确一溯难"（确真难、确权难、确价难、认证难）问题，推出文物艺术品"全息鉴证+码链"新体系等创新举措。2023年7月，国家文化出口基地·双创园入选河南省文化和旅游调研联系点，进一步推进开封片区加强文化和旅游领域调查研究，推动开封片区文旅文创融合高质量发展。

二是积极推动文化出海。开封片区应邀参加2023迪拜"欢乐春节"大巡游活动。与河南航投文化旅游有限公司合作建立卢森堡文化交流中心项目，大力推动文化"走出去"。赴摩洛哥参加第28届拉巴特国际书展，将近500件文创产品20余种品类发往摩洛哥参展。在澳门成功举办"第五届豫澳美术文化交流展——拓古传真之中国古代石刻艺术拓片展"活动，在台湾设立河南（开封）自贸试验区国际艺术品高雄征集处，成功搭建了海峡两岸艺术品回流的桥梁，在保税仓中国台湾馆成功举办国际艺术品回流特展。

三是做实国家文化出口基地。国家文化出口基地大力助推校企合作，凭借该基地内的双创园，着力孵化文创产业，全方位推动"学、研、产融合"模式落地，搭建校企合作桥梁、促进文化成果转化。持续推进国有博物馆文物藏品征集平台建设，稳步推进"中检·河南自贸试验区艺术品鉴证中心"中心业务，联合中国检验认证集团成功举办文化艺术品唯一性认证专场鉴定活动，鉴定文化艺术品1200余件，涉及书画、玉器、杂项等多种门类，价值千余万元，并持续开展书画艺术品征集活动，目前已经征集 90 余幅；目前国潮街区招商入驻非遗传承人工作室、优秀文化出口企业 30 余家，非遗、老字号等文创商家 10 余家，新增展示商品 300 余件。

四是做强中国河南国际艺术品保税仓。与保利（厦门）国际拍卖有限公司达成合作意向，先后举办线上及线下拍卖会三场，成交总额达 3100 万元。举办了"欧洲当代艺术绘画展""国际艺术品回流特展（新加坡站）""西方经典油画展""第五届豫澳美术文化交流展——拓古传真之中国古代石刻艺术拓片展""花开盛世——牡丹文化艺术及文创展""开封北宋官瓷复烧 40 周年成果文化展"及"第五届苏颂钟表文化节暨首届苏颂名贵钟表博览会"等活动。

五是扩展文化产业链。围绕中小微文化企业需求，量身定制金融产品。中原银行开封自贸试验区文化艺术支行推出专属艺术金融信贷产品"原艺贷""艺分期"。举办第四届开封国际文化金融与贸易论坛，发布了《中国艺术品市场趋势报告》《Artprice 全球艺术品市场报告》《中央美术学院（开封）市校合作 2023 年成果报告》等报告，启动了《新生活·新风尚·新年画——年画进万家》等项目，及"艺术开封"国际人文艺术度假区——美国璞富腾酒店、米其林一星意大利美丽诗歌餐厅，"艺术开封"第八大街艺术创意生活街区改造项目，"全民美育，以美育人"艺术进校园等项目进行签约。举办 2023 年开封国家文化出口基地"菊香汴梁"优秀文创作品展。

2. 打造制度型开放新高地

一是探索创新制度体系和监管模式。开封片区以制度型开放推动营商环境国际化，逐步探索建立一套与国际贸易投资通行规则相衔接的基本制度体系和监管模式。2023 年，2 项案例入选《国家文化出口基地第三批创新实践案例》。《艺术品贸易全链条服务体系》获省委改革办"2022 年第四季度改革典型案例红榜通报"；《创新艺术品交易"新路径"打造文化产业开放先行区》成功入选 2022 年度河南省经济体制改革十大案例；《自贸试验区开封片区实行"一枚印章管审批"》被省委改革办改革简报第 30 期采用；《自贸试验区开封片区探索药品与医疗器械仓储集中监管模式》被省委改革办改革简报第 62 期采用；《开封综合保税区积极探索"保税+"发展模式》被省委改革办改革简报第115期采用。2023年8月，开封片区顺利通过国家级社会管理和公共服务标准化试点项目终期验收。在2023年国家级经开区考核评价结果中，开封经开区位于全国230家国家级经开区的第133位，较上年度提升13个位次。在5大类30项考核指标中，有12项指标优于全国国家级经开区平均水平。

二是加快政府职能转变。开封片区持续优化营商环境，不断激发市场经营主体活力，努力在提升政务服务"速度"和"温度"上下功夫。开封片区创新推出"事项申报全程自助、业务受理全程自动、审批结果即时获取"的"智能秒办"政务服务新模式，为企业群众提供高效能、智慧化、不见面的政务服务体验。在投资管理领域，实行"一枚印章管审批"、企业投资项目人防审批制度改革、个体工商户集中地登记新模式、"345'有诉即办'"政务服务新模式。在贸易投资便利化领域，构建特色金融服务体系助力文化产业发展、对外文化贸易服务新体系、"三联驱动"引领非公党建高质量发展、探索实施"外综服+跨境电商"进口押汇模式、以"产学研"合作引领"政校企"深度融通。

3. 抓好开放平台载体建设

充分发挥在中部陆海新通道中的枢纽作用，不断完善开放平台体系，增强服务"双循环"新发展格局的重要载体和枢纽节点功能。一是加快建设开封综合保税区。开封综合保税区于2023年7月3日正式封关运行，服务进出口企业40余家，涵盖加工制造、保税维修、跨境电商等多个产业方向以及一般贸易、跨境电商等多种业务模式，已完成进出口总货值约36.14亿元。二是搭建双向开放平台体系。开封国际陆港铁路专用线入选河南省首批区域物流枢纽建设布局，其中非涉铁部分施工已全部完成，2024年上半年完成电力通信联调联试，年底前正式开通班列货运业务。2023年11月，开封国际陆港铁路专用线项目9大街新建框架涵及道路工程完工，9大街顺利通车。这一节点性工程顺利完成标志着开封国际陆港铁路专用线项目建设取得阶段性成果，并进入攻坚决胜关键阶段。国家文化出口基地顺利落地自贸试验区开封片区版权工作站试点，并被河南省版权局认定为"版权示范单位"。河南中日（开封）国际合作产业园于 2023 年 2 月 8 日正式获批，入选河南省首批 4 个国际合作园区。获批中国（河南）自贸试验区国际艺术品保税仓，探索"企业＋跨境电商＋海外仓"的新模式，分别在阿联酋迪拜、德国汉堡、美国洛杉矶、拉脱维亚设立 17 个海外仓。

4. 以创新驱动产业高质量发展

聚焦汽车及零部件、装备制造和新产业新业态，以创新赋能产业发展，以绿色引领产业提质。一是以郑开科创走廊建设为依托，大力推进科创资源布局优化。开封智慧岛于 2023 年 1 月 28 日正式揭牌，引进高层次创新型人才 46 人，高层次产业技术创新研发及成果产业化团队 5 支，院士 3 位，行业领军人物 2 人，现拥有基金 37 支，投资项目或企业 26 个，利用人才资源和金融服务加速原始创新向生产力转化。二是以高端制造为引领，推进传统制造业提质增效。围绕高端装备及汽车零部件、战略性新兴制造业、农副产品及食品加工三大主导产业，探索政府＋龙头企业绿色发展管理服务模式，打造绿色供应链产业链。加快前瞻布局奔腾激光、京瓷精密制造项目等新型装备制造业。三是以开放创新为动力，推动新业态新模式集聚。积极发展医疗健康产业，以河南大学医学院、药学院为基础，探索"政、产、学、研、介"协同共赢的园区运营，打造中部领先、全国一流医疗领域"新硅谷"。持续培育楼宇经济，截至 2023 年 10 月底，自贸大厦累计入驻企业 2626 家；绿地中部创客中心入驻企业 20 家，累计注册 46 家；中关村智酷人才与产业创新基地累计完成落地创新主体 74 家，上市或行业头部企业 6 家，合作平台 7 个。大力发展金融类产业，截至 2023 年 10 月底，已吸引入驻金融类企业 100 余家。不断推进创新平台建设，2022 年年底中关村智酷成功申报为省级科技企业孵化器，截至 2023 年 10 月底累计入驻小微企业 109 余家，毕业企业 10 家；先后提供就业岗位 1000 多个，协助入驻企业获得专利 15 项。强力推动开封智慧岛建设，成为省政府办公厅公示的 15 个智慧岛之一。

5. 打造协同发展新标杆

开封片区立足服务国家战略，把高标准建设自贸试验区与落实郑开同城化、黄河流域生态保护和高质量发展、共建"一带一路"等战略相贯通，激发区域协同发展更大动能。一是率先探索推动郑开同城化发展。与郑州片区联合开展制度创新，推出的"一码集成服务"在全国复制推广；与郑州片区实施255项涉企事项"自贸通办"，以审批同城率先开启郑开同城示范区建设。获批郑开汽车及零部件外贸产业基地，力争打造全国领先的郑开汽车产业集群。自贸试验区兰考飞地经济产业园成功挂牌。二是探索黄河流域联动发展。与豫川云陕鄂5省9地政务服务"跨省通办"，联合山东、陕西等自贸试验区及当地海关创新构建黄河流域"端到端"全程物流新模式，有效提升沿黄流域物流运输体系的协同效率。三是贯彻中部地区崛起发展战略。联合安徽省合肥市蜀山区、湖南省长沙市、江西省景德镇市、湖北省武汉东湖高新技术开发区、湖南省醴陵市6个中部地区国家文化出口基地，推动中部国家文化出口基地共建。

6. 持续优化营商环境

创新推出"事项申报全程自助、业务受理全程自动、审批结果即时获取"的"智能秒办"政务服务新模式，为企业群众提供高效能、智慧化、不见面的政务服务体验。明确"一照多址"企业主管税务机关管辖权。为解决商事登记制度改革中"一照多址"企业涉及的税务主管机关不明确所带来的各种问题，开封片区结合实际情况，首次明确规定主管税务机关，弥补制度漏洞，消除税务监管盲区，避免企业在税务机关之间多头办理、重复缴税的情况，不断提高税收征管规范化水平，推动加快构建"全域自贸"税务服务新格局。明确"一照多址"企业主管税务机关管辖权，不仅保护了企业利益，而且维护了企业生产经营地的税收来源，打消了相关县区政府的顾虑。河南省版权登记平台正式授权中国（河南）自由贸易试验区开封片区版权工作站启动相关工作，标志着开封片区版权工作站正式成立。该工作站位于开封国家文化出口基地双创园，主要承担版权咨询、版权登记初审业务，为区域内企业和个人提供更加便捷高效的版权登记快速受理、预审等服务，带动区域内关键核心文化产业知识产权运营能力的提升。

（二）建设展望

2024年，开封片区将围绕建设现代化产业体系、引领高水平对外开放等重点任务，进一步提升制度创新、服务产业能级，强化"四区"融合发展，持续塑造新动能新优势，加快形成新质生产力。争取开封片区在中西部自贸试验区考核中确保B类，开封综合保税区进出口额突破100亿元，迈入全国综合保税区"B类"序列，开封经开区在国家级经开区考核中名次较2023年提升10名，顺利通过国家文化出口基地、智慧岛考核。推出国家级制度创新案例1~2项，省级制度创新案例5项，在全省营商环境评价中进入前5名。推动外贸外资稳规模、优结构，外资增速、货物贸易进出口增速均超过50%。加快培育引进文化贸易企业，实现国家文化出口重点企业和项目零的突破。

1. 探索建设文化产业先行区

构建国际文化贸易和人文旅游合作平台，打造"文化"自贸，将开封片区打造成为文化产业对外开放与创新发展先行示范区（见表3.2）。

一是加快推进"一仓一园一谷一中心"建设。依托国家文化出口基地，孵化重点企业、带动重点项目发展；正式上线运营"国有博物馆文物藏品征集平台"；加快建设匈牙利等国海外中心等海外项目，设立中国·自贸试验区开封片区匈牙利国际艺术品展示交易中心。推进海外艺术品回流。力争回流更多的艺术作品，通过保税仓进行保税展览交易。

二是推进"文化出海"。发挥海外中国文化中心、商协会作用，拓展对外文化贸易渠道，大力支持企业参加重要国际性文化节展，鼓励企业运用跨境电商等新模式新渠道拓展海外市场。加强与国内外创意设计机构和人才的交流合作，推动中原文化符号的时尚表达、国际表达。发挥文化文物单位资源优势，加大文化创意产品开发力度，扩大文化创意产品出口。推动将文化元素嵌入创意设计环节，提高出口产品和服务的文化内涵，使更多的中国文化在国际市场落地生根，推进中华优秀传统文化在国外的传播，向海外人士讲述新时代中国的精彩故事，展现真实、立体、全面的中国。

三是进一步推动文化金融多元化创新发展。自贸试验区开封片区联合人行开封中心支行，通过设立特色金融服务机构，创新特色金融服务产品，建立特色金融发展机制，助力特色文化产业高质量发展。

四是加快相关文化项目谋划推进。依托国家文化出口基地，做强开封国家文化和科技融合示范基地，实施文旅文创融合战略，布局打造文化产业专有 AIGC 平台，培育引进 AI 文化产业企业集群。大力发展文化艺术品一、二级市场，积极培育数字艺术品设计开发、在线交易、云观展、直播拍卖等新业态，探索以数字版权证书推进艺术品二级市场交易合规流通。

表 3.2　开封片区文化产业国际化发展主要任务

序号	任务	主要举措
1	推进"文化出海"海外中心建设	遴选优秀文化产品参与到迪拜国际艺术品展示交易中心、吉尔吉斯斯坦国际艺术品展示中心，及筹备中的卢森堡、日本、摩洛哥等国的海外项目。
2	探索艺术品服务产业链新方向	依托国际艺术品保税仓引入国际文物交流、艺术品保税贸易和艺术品贸易服务方面的领军企业和机构，重点打造国际文物交流、国际艺术品保税贸易、国际文物艺术品贸易服务等三大平台。
3	发挥国家文化出口基地集聚作用	孵化国家文化出口重点企业、带动重点项目发展，积极倡导企业参加国际性节展。
4	拓展文化贸易渠道，加强对外文化合作交流	发挥海外中国文化中心、商协会作用，拓展对外文化贸易渠道，大力支持企业参加重要国际性文化节展，鼓励企业运用跨境电商等新模式新渠道拓展海外市场。加强与国内外创意设计机构和人才的交流合作，推动中原文化符号的时尚表达、国际表达。发挥文化文物单位资源优势，加大文化创意产品开发力度，扩大文化创意产品出口。推动将文化元素嵌入创意设计环节，提高出口产品和服务的文化内涵，让更多的中国文化在国际市场落地生根，推进中华优秀传统文化在国外的传播，向海外人士讲述新时代中国的精彩故事，展现真实、立体、全面的中国。

2. 大力推动制度创新系统集成

抓好重点领域和关键产业的首创性、集成性、差异化改革，力争形成国家级复制推广经验 1~2 项，省级复制推广案例 5 项。主动对标国际高标准经贸规则，着力在产业集聚、区域联动发展、投资贸易便利化、金融开放创新、综合监管、法治化营商环境建设等重点领域推出改革创新举措。围绕黄河流域自贸试验区联盟、郑开同城化等区域战略加强协同创新。以文化自贸、创新自贸、绿色自贸为要求，聚焦开封片区文化产业发展，以国家文化出口基地、综合保税区为依托，协助企业充分挖掘创新举措。充分调动各单位各行业参与自贸试验区改革创新，不断拓展自贸试验区改革创新的深度、广度和高度。

3. 聚焦项目招引

一是完善五大产业链体系。围绕汽车及零部件、装备制造、农副产品深加工、创新驱动、"口岸＋保税"等五大产业链，精心绘制招商产业链图谱，以产业链招商为主线，紧盯世界 500 强、大型央企、上市公司，加速引进一批战略定位高、带动能力强、产业链条长、代表行业先进水平和发展方向的龙头型、基地型大项目，进一步畅通产业循环、壮大产业集群。突出外资项目，更大力度吸引外资，瞄准日韩、港台等重点领域开展招商推介，推动已落户外资企业增资扩股、利润再投，提高外资利用水平。持续做好菊花文化节等招商工作，常态化参加各类国家级、专业化招商大会。发挥区内重点企业、项目的优势资源和知名企业家的影响力，开展以商招商、委托招商。二是扩大文化产业影响力。依托国家文化出口基地，孵化重点企业、带动重点项目发展；正式上线运营"国有博物馆文物藏品征集平台"；加快建设匈牙利等国海外项目，设立中国·自贸试验区开封片区匈牙利国际艺术品展示交易中心。三是创新生物医药产业发展。发挥"健康乐谷"区位优势，依托河南已建立的跨境电商药品通关申报系统、药品溯源系统及商业运作模式，进一步拓展跨境电商非处方药零售市场需求，探索非处方药跨境电商零售试点。

4. 提升平台能级

围绕综合保税区封关运行，增强综合保税区与国际陆港等联动发展，推动开放平台体系更加完善。一是推动智慧综合保税区建设。积极推进区块链技术应用落地，加强数字与信息相结合，通过数字产业化构建"平台＋外贸综合服务"，将区块链应用于开封综合保税区跨境贸易"全业务"流程，多场景、多维度实现贸易、金融、物流、监管四大领域"互联互通""互信互享"。

二是加快项目建设。加速推进开封国际陆港铁路专用线、开封综合保税区（二期）项目建设；加速推进开封综合保税区（三期）项目的建设任务；完成开封综合保税区（四期）奇瑞 KD 工厂项目的竣工验收工作，确保奇瑞正式达产；完成开封综腾装备产业园项目建设，助力奔腾智能装备项目投产达效。三是完善综合保税区配套服务。聚焦入区企业手续审批、厂房租赁、物流运输、报关报检等需求，保障入区企业生产与贸易。积极协助企业做好报关、报检等相关工作，建立服务制度体系，完善相关外综服业务工作流程，提高企业货物的通关效率。四是加强与省口岸办、海关等部门深入对接。积极推进海关监管作业场所的申建工作，努力构建"保税+陆港"发展模式。紧扣产业发展需求，大力招引保税加工、保税研发、保税维修等"保税+"企业。

5. 进一步优化营商环境

进一步打造透明公平的投资经营环境，力争 2024 年开封片区营商环境评价进入全省前 5 名。不断提升政务服务效率，"智能秒办"服务模式覆盖 80% 以上的审批服务事项，将事项办理时限压缩至 2 个工作日以内，使企业和群众满意度达到 95% 以上。完善外商投资"一站式"服务体系建设，满足外商投资者业务办理需求。开展内部审核、管理评审，确保高质量通过 2024 年度 ISO 9001 质量管理体系认证年度审核。主动对标国际高标准经贸规则，着力在产业集聚、区域联动发展、投资贸易便利化、金融开放创新、综合监管、法治化营商环境建设等重点领域推出典型制度创新案例。着力提升差异化改革探索能力，将创新主体由政府部门向市场企业进行转移，推出一批符合国家战略需要、经营主体需求、区域定位特点的改革创新举措。建设"一业一证"业务应用平台，提供"一业一证"业务的事项梳理、网上申报等服务，实现"一套标准、一次告知、一窗受理、一表申请、一套材料、一证准营"。以政务服务网、移动应用等为主要入口，通过共享实现证照、证明、材料的全城通用、跨区域互认，提供"免证办"服务。推行"食品经营许可"云端审批模式，将涉及的现场勘查改为线上审核。

重点任务如下。(1) 打造"数智枫桥·知产通"一体化平台探索知识产权多元解纷新模式。为有效实现贯通知识产权创造、运用、保护、管理、服务全链条，形成具有开封特色的知识产权纠纷多元解决渠道与机制，提升开封片区海内外知识产权纠纷解决能力的工作目标，进一步推广以诉源治理和非诉调解为核心的知识产权解纷新模式，建设"数智枫桥·知产通"一体化平台，推动开封知识产权保护和文化产业发展不断走向领先。(2) 打造"e政通"应用体系实现内部治理数字化转型。以政府办公人员为中心、以政府部门事务管理为主线、以政务办公效能提升为目标、以政府部门内部协同管理为架构，实现自贸试验区内部治理的数字化转型。(3) 打造"e照通"应用体系提升政务服务效能。通过实施商事登记确认即入、行政许可承诺准营、证照联办、企业码应用等创新服务，加快推动市场准入即准营，降低制度性交易成本，更好服务市场主体，提升政务服务效能，创优一流宜商环境。(4) 打造"e管通"智慧监管体系形成事中事后监管闭环。坚持"管得住才能放得开，放管并重"，健全审管衔接机制，以信用监管为基础，以"双随机、一公开"为基本手段，构建审管紧密衔接的智慧监管体系，形成从事前到事中再到事后的监管闭环。(5) 打造"e服通"持续推动企业服务创新。持续推动企业服务创新，通过构建外商单一窗口、智能帮办、惠企政策精准服务、"办不成事"窗口等创新举措，切实把"服务无止境，满意为群众"落到实处，全面提升企业群众办事体验。

三、洛阳片区

洛阳片区充分发挥改革开放综合试验平台作用，坚持以高水平开放为引领、以制度创新为核心，加快实施自贸试验区提升战略，聚焦制度创新、产业蓄能、创新引领、开放联动发展，对标国际高标准经贸规则，深化政策、应用、监管、服务等协同创新，统筹推进全产业链建设、物流商贸通道拓展、营商环境优化，积极推动自贸试验区建设"扩围、提质、增效"，建设高能级对外开放大平台大通道，着力打造"风口产业主战场、改革开放新高地、经济发展增长极"。

（一）建设成效

洛阳片区已发展成为洛阳市创新创业活力最强、开放水平最高的城市功能区。2023 年，洛阳片区实现工业总产值 770 亿元，其中规模以上工业主导产业总产值 750 亿元；规模以上工业增加值 115.5 亿元，同比增长 6.5%，其中规模以上工业主导产业增加值 112.8 亿元，同比增长 7%；主导产业增加值占比达到 97.7%；实际使用外资 1767.5 万美元，占洛阳市的 84%；进出口总额 69.8 亿元，同比增长 21.1%。截至 2023 年年底，片区累计入驻企业 2.43 万家，是挂牌前的 5.54 倍。

2023 年洛阳片区标志性成果

● **入驻企业** 截至 2023 年年底，累计入驻企业 2.43 万家，是挂牌前的 5.54 倍。

● **制度创新** 2023 年新推出 20 项创新成果。3 项获评河南自贸试验区第五批最佳实践案例。截至 2023 年，累计形成 221 项改革创新成果。

● **外向型经济** 2023 年实际使用外资 1767.5 万美元，占洛阳市的 84%，全年完成进出口值 69.8 亿元，同比增长 21.1%。

● **创新赋能产业** 2023 年新增市级以上创新平台 57 家，其中国家级创新平台 2 家、省级创新平台 7 家。截至 2023 年年底，市级以上创新平台数量累计达到 607 家，其中国家级累计 17 家、省级累计 138 家。2023 年，实现工业总产值 770 亿元、主导产业产值 750 亿元。

1. 促进"五区"聚合裂变

全方位推进自贸试验区、国家级高新区、国家级自主创新示范区、综合保税区、跨境电商综试区在空间、体制、功能、政策上的深度融合，推动五个国家战略由外在功能互补向内在功能互促转变，形成聚合裂变效应。

一是理顺片区管理体制。深化体制机制改革，洛阳高新区党工委、管委会分别加挂自贸试验区洛阳片区党工委、管委会及综合保税区党工委、管委会牌子，实行"三块牌子、一套班子"，保持行政体制和管理机构总体稳定，强化洛阳片区组织领导，有力推动洛阳片区联动发展。同时，全面剥离社会管理职能，一并交行政区涧西区负责，统筹涧西区审批、监管、社保等职能部门全力支持洛阳片区对外开放、产业发展、项目建设、企业服务等主业主责，建立职能边界清晰、相互协调共享的合作机制。

二是实施三化三制改革。按照专业化、国际化、市场化改革方向，精简内部管理架构，片区新设"六部三中心"，命名坚持去行政化，职能突出经济服务属性；优化人员岗位设置，坚持竞争导向、需求导向、能力导向，实现全员竞聘上岗，人员配置向产业园区等服务一线大幅倾斜。全面落实领导班子任期制、员工全员聘任制、工资绩效薪酬制改革要求，片区管委会领导班子实行"任期制+考核制"管理；员工实现全员聘任，聘期3年；绩效考核与工作成效挂钩，确保奖优罚劣、能上能下。

三是深化国有企业改革。推行"管委会+公司"模式，以国苑集团为核心，整合重组区属国有企业，构建起"资本运作母公司+风口产业"、基金投资"1+6"国企新格局，做大做强园区投资开发、园区运营服务、产业投资、金融服务等核心业务。国苑集团获评AA+评级，系全省除郑州之外的首家区级国有企业，资产规模超350亿元，融资超100亿元，迈出了国有资产证券化的关键一步，实现从传统融资平台到现代国有企业的转型升级。

2. 注重集成创新突破

推出《创新知识产权质押融资模式，缓解企业融资难题》等20项制度创新成果。《"电子口岸+金融服务"场景创新》等3项改革经验入选《中国自由贸易试验区发展报告（2023）》；《退引结合盘活低效用地》《政务服务"一件事一次办""综合窗口"改革》《中试熟化链条创新》等3项获评河南自贸试验区第五批最佳实践案例；《探索委托境外加工贸易跨境资金结算新模式》等2项入选《2023年全国自贸片区经典制度创新案例》。

一是促进投资便利化。启动"一窗受理"改革工作，打造"通窗为主、专窗为辅、有机统一"的综合服务实体，实现从"一事跑多窗"到"一窗办多事"的转变。推行 15 类重点事项领办制，设置"企业代办服务中心"，实现企业项目建设审批事项"一支队伍全代办、企业不用跑一步"。推出了"一枚印章管审批"2.0 版、"多证集成"2.0 版。出台《关于鼓励外商投资的实施意见》《关于服务外商投资项目落地的实施方案》，对服务机制进一步优化完善。突破负面清单限制，大胆引进美国传奇影业，成为亚太地区唯一通过好莱坞标准认证的中国文创企业。2023 年，招引了视微影像、华川融资租赁等 49 家外资企业，涵盖智能制造、文化娱乐以及高新科技等多个领域。

二是提升贸易便利化水平。成功申建洛阳综合保税区，建立首家省内线下国际贸易"单一窗口"。实现了"清单核放、汇总申报"的"一站式"通关。洛阳海关出口通关时间与改革前相比缩短 69.8%。国际贸易"单一窗口"在线联通海关、商务、税务等多个部门，外贸企业只需提交一次标准化单证和电子信息，即可办理通关业务。率先建立出口货物检验检疫证单"云签发"平台，实现出口货物海关检验检疫证书数据电子化，通过"云签发"模式签发检验检疫证单 328 份。全国率先开展出口食品生产企业备案模式创新，通过采信第三方体系认证结果，免除现场检查，办结事项由 20 个工作日缩短为 3 个工作日。探索对临时进口压力容器实施"验证管理"、采信第三方认证结果实现出口食品生产企业备案模式创新等创新举措，大大提高通关便利化水平；对危险性较低的第 9 类杂项危险货物包装使用鉴定查验模式进行优化，解决通关效率和延期发货风险问题，助力以锂电池为代表的第 9 类杂项危险货物开拓国际市场。

三是推进金融开放创新。着眼构建服务实体经济的金融开放新制度，开创了以金融机构为核心，以政府政策体系为基础，依托国有投融资平台，再结合投资管理公司等新型金融公司的服务模式，"政银企研所"多方协同，提供具有自贸试验区特色的多元化金融服务。依托招商银行等各类银行金融机构打造外资外贸金融专项服务平台，积极对接外贸企业需求，在进出口结汇、套期保值、贸易对冲基金等方面开辟服务"绿色通道"，全力为外贸型企业提供更便利的金融服务。推出"单一窗口共享盾"，打造"电子口岸十金融服务"一站式办理新模式，推出"区块链平台+银行+信保"出口应收账款融资模式。促进跨境投融资便利化，推动河南省跨境贸易金融区块链服务平台在洛阳片区率先落地，制定全省首个委托境外加工贸易结算方案，创新解决外综服平台收汇难题。推动银行外汇展业改革落地洛阳片区，使外汇业务平均办理时间减少90%，成功实现企业外汇结算"秒申请、分钟办"。

四是强化事中事后监管。全面推行"双随机、一公开"综合监管模式。建立"两库一单"，根据综合检查、风险分类等原则，科学制定年度抽查计划，实现"进一次门，查多项事"。与住建、应急等24个部门联合开展"双随机、一公开"，变"多头检查、一次一查"为"联合检查、一次多查"，避免了重复检查，有效提高了执法效率，减轻了企业负担。积极推进"互联网+监管"，依托河南省"互联网+监管"平台，加快推进片区内监管数据归集和上报工作，已汇聚国家"互联网+监管"系统监管事项子项1466项，监管行为覆盖率达97.15%。大力推进包容审慎柔性执法，制定并公开行政执法领域的不予处罚事项清单、从轻处罚事项清单、减轻处罚事项清单、不予实施行政强制事项清单"四张清单"，对轻微违法及初次违法免罚慎罚。

3. 打造创新高地

科技创新能力雄厚是洛阳片区最大特色，通过"自主创新示范区""自贸试验区"联动发展，吸引大量科技型企业和研发机构进驻片区，洛阳片区研发投入强度8.6%，高于全国平均水平6个百分点。万人有效发明专利拥有量达到46.1件，是洛阳市的4倍以上（见表3.3）。

一是抓好创新平台建设。2023年新增市级以上创新平台57个，其中国家级创新平台2个、省级平台7个。2023年洛阳周山智慧岛在全省智慧岛评价中荣获"优秀"档次；普莱柯P3实验室建成并通过国家验收，新获批组建"农业农村部兽用药品创制重点实验室"；中信重工、一拖集团两家"国家重点实验室"成功重组并加快提级建设；视微影像入围"河南省医学科学院首批产业研究所"。

二是加快建设科技产业社区。加速周山智慧岛、光电智荟科技、725 新材料、中航光电高端互联、国家大学科技园智能制造等 8 个科技产业社区建设，年度入驻企业达到 1316 家。国家大学科技园智能制造科技产业社区入驻企业 582 家、国家级创新平台 10 个。

三是加快高新企业培育。2023 年备案科技型中小企业 982 家，占全市的三分之一，新培育高新技术企业 189 家，占全市的 33%；规模以上工业企业研发活动覆盖率达到 90% 以上，视微影像、瑞泽石化等 17 家企业获批省级"专精特新"中小企业，占全市的 34.7%。

四是推进周山智慧岛项目建设。打造具有区域特色的智慧岛创新社区，形成"空间+孵化+基金+服务+生态"全链条创新创业生态体系。2023 年，洛阳周山智慧岛建设工作取得阶段性成效，区域内新增创新型企业 103 家、金融类金融机构 51 家、引进培育高层次人才 40 个、国家级科创平台 4 个，积聚各类企业 703 家、年均专利授权量 1717 件、带动新增就业超 3000 人，成为具有区域示范作用的创新创业策源地、创新发展新引擎。2023 年 11 月，经省政府考核获评"优秀"档次。现有科技型中小企业 950 家，高新技术企业 455 家，众智软件、金鹭、双瑞橡塑等 12 家企业获专精特新"小巨人"企业。

五是强化人才引育。大力培养创新创业青年人才；实施"河洛工匠计划"，培育"河洛大工匠"；实施产业人才"集聚工程"，吸引高端创业团队入驻洛阳片区。在全省率先推出《推进"头雁人才"行动暂行办法》，吸引更多高层次科研和管理人员进区落户；探索"基地+研究所+公司"的三方联动新模式，通过刚性引才和柔性引才并举较好地解决了人才短缺问题，打造全省人才+项目高地。2023 年，引进赵华院士团队，组建"河南省零碳内燃动力技术研究院士工作站"；"头雁人才"政策惠及 560 名科技人才；中航锂电、中航光电等 13 家企业开发科研助理岗 537 个，完成国家下达目标任务的 136%；打造科创人才 15 分钟生活圈，建成青年驿站 12 个，提供人才公寓 1823 套，引进本科以上人才 8700 人。

表 3.3　洛阳片区 2017—2023 年科技创新要素情况表

年度	国家科技型中小企业	高新技术企业	市级以上创新平台	市级以上孵化载体
2017 年	32	111	298 家（国家级 15 家，省级 83 家，市级 200 家）	10 家（国家级 3 家、省级 3 家、市级 4 家）
2018 年	212	162	333 家（国家级 15 家，省级 92 家，市级 226 家）	17 家（国家级 7 家、省级 6 家、市级 4 家）
2019 年	286	215	377 家（国家级 15 家，省级 103 家，市级 259 家）	19 家（国家级 7 家、省级 6 家、市级 6 家）
2020 年	318	248	425 家（国家级 15 家，省级 117 家，市级 293 家）	22 家（国家级 8 家、省级 6 家、市级 8 家）
2021 年	438	263	492 家（国家级 15 家，省级 125 家，市级 352 家）	24 家（国家级 9 家、省级 7 家、市级 8 家）
2022 年	575	313	548 家（国家级 15 家，省级 131 家，市级 402 家）	26 家（国家级 10 家、省级 8 家、市级 8 家）
2023 年	950	455	607 家（国家级 17 家，省级 138 家，市级 452 家）	26 家（国家级 11 家、省级 6 家、市级 9 家）

专栏 3.4

打造新型工业化产业示范区

促进创新要素聚集。着力营造鼓励创新创业创造的社会氛围，建立高技术企业成长加速机制。创新人才加速集聚，出台"引才、留才、用才"相关政策，打造全省"人才+项目"高地。截至 2023 年年底，全区现有享受国务院政府特殊津贴 10 人、国家百千万人才工程人选 4 人、中原学者 2 人、河南省 B 类人才 2 人、河南省科技创业领军人才 3 人、"河洛工匠" 3 人，副高级以上专业技术人员 248 人。

重点培育优势企业。开展企业"小升规"行动，完善企业后备培育库，构建专业化、全流程的中小企业服务体系。实施"专精特新""小巨人"等优质中小企业培育行动，培育一批细分行业"单项冠军"和"隐形冠军"。推动高成长性企业提质倍增，挖掘高企后备培育企业，开展高新技术企业新认定培育工作。打造行业龙头企业，建立健全产业集群龙头企业培育动态管理机制，支持大企业围绕产业链关键环节和核心技术加强产业链横向联合、垂直整合、兼并重组，鼓励企业通过股改上市、技改扩能，持续做大规模。

布局高水平科创平台。建立产业对接撮合平台，依托"政企早餐汇"活动，建立信息互联互通、资源互认共享的产业对接撮合平台。加强产业创新联动发展，加快推进市级产业研究院建设，推动企业争创省级产业研究院。实施"科技型企业研发平台全覆盖"工程，推进"众创空间—孵化器—加速器"全链条孵化体系建设。打造创新平台矩阵，加快推进洛阳周山智慧岛、信息技术科技产业社区、光电互联科技产业社区建设，全力打造"科技创新特区"。

创建五星示范基地。以"三区融合"发展为主线，构建区域发展"强磁场"；以"四个一批"为重点，提升产业创新能力；以"双轮驱动"为路径，加快产业转型升级；做到"三个坚持"，抓牢项目建设"牛鼻子"；实施"联企入企助企惠企"四企活动，激发市场主体活力。多措并举推动工业化产业高质量发展，获评国家新型工业化产业五星示范基地。

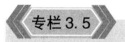

专栏3.5

实施企业分类培育

洛阳片区按照创新型中小企业、省级专精特新中小企业、国家级专精特新"小巨人"企业、制造业单项冠军企业四个梯队，构建全周期梯次培育体系。针对不同行业、不同发展阶段高成长性企业加强差异化扶持培育，推动企业迅速发展壮大。扶持龙头企业做大做强。培育带动能力强、资源整合水平高、特色鲜明的大企业。中航光电、中航锂电、普莱柯获评河南省制造业头雁企业，北玻、金涛华印、中色科技、麦斯克获评河南省制造业重点培育头雁企业。北玻获评河南省制造业单项冠军企业。实施优质中小企业梯度培育。实施专精特新培育提升行动，建立创新型中小企业、"专精特新"企业二级培育库，构建从孵化培育、成长扶持到推动壮大的全周期梯次培育体系。2017年至今，金涛华印、嘉盛电源等132家企业完成创新型中小企业备案；瑞泽石化、众智软件等64家企业获批河南省专精特新中小企业，其中众智、金鹭、双瑞橡塑等12家企业获批专精特新"小巨人"企业。

专栏3.6

探索"政产学研用金"创新创业服务体系

洛阳片区按照"服务优、功能全、辐射广"的服务宗旨，依托现有创新创业品牌，充分发挥政府引导作用，有效集聚创新要素资源，以活动赛事为媒介，以企业为核心，以企业需求为导向开展惠企服务活动，营造年年有活动、季季有亮点、月月有服务的全要素创新创业生态环境，搭建"政产学研用金"多方交流、共享资源的创新创业服务体系，形成市场主导、政府引导扶持、产学研用金内生性发展。通过举办周山论坛、周山故事会、周山游学等交流活动和周山大课堂、周山训练营、周山对接集市等培训活动，打造政学研用金与企业的互动交流平台，实现资源整合和优化配置。

4. 打造国际智能制造合作示范区

围绕"打造国际智能制造合作示范区"的发展定位，加强国际智能制造合作，探索科技产业创新新机制，不断促进智能制造政策链、资金链、创新链、产业链有机融合，做大做强高端制造业，建设全国重要的智能装备制造、新材料、机器人产业基地。

一是产业转型步伐加快。推动实施智能制造项目，支持"企业上云"和"机器换人"项目，"三大改造"实现规模以上工业企业全覆盖。洛阳片区被国家发展改革委等 5 部委联合发文通报表扬为"真抓实干成效明显的产业转型升级示范园区"。在国家新型工业化产业示范基地发展质量结果评价中，区内装备制造（节能环保装备）基地获评五星示范基地，为全省唯一入选。

二是培优做强主导产业。围绕"3+1"主导产业发展（3 个优势主导产业：智能装备、电子信息、新能源材料，1 个新兴产业：生物医药），加快推进产业基础高级化、产业链现代化。2023 年，主导产业实现产值 750 亿元，其中智能装备制造产业，聚集了中信重工、双瑞特装、河柴重工等 90 家规模以上企业，实现产值 391.8 亿元；电子核心产业产值 185.8 亿元；新能源产业产值 162.2 亿元。

三是新兴产业招大引强。洛阳片区组建专业化招商队伍，在深圳上海等地成立驻点招商专班，确定以粤港澳、长三角、京津冀、成渝西区等为重点地区的招商路线图。建设新型研发机构、产业技术创新战略联盟和技术转移示范机构，推进创新驱动发展。与中煤集团合作建设中西部节能降碳产业园，总投资 50 亿元，在储能节能、降碳、新基建、特种光伏应用制造等领域开展合作。与东旭集团签约总投资 100 亿元的东旭集团氢能汽车产业园项目，在未来新能源风口产业领域提前布局，抢占先机。

5. 拓宽开放通道

坚持"建好平台，扬起龙头，扩大开放"，努力以高水平开放引领高质量发展。积极拓展与共建"一带一路"、RCEP 成员国经贸合作，稳步扩大国际合作规模。

一是加快开放通道拓展升级。加快推进机场三期建设工程，完善现有成熟航线的加密，持续推动国内外航线增加，在确保"乌鲁木齐—洛阳—曼谷"国际客运航线稳定运营的基础上，继续对接相关航空公司开辟洛阳至东南亚和日韩等方向的国际航线。全面提升东方红国际陆港服务能力和水平，向西开行洛阳直达中亚、俄罗斯的国际货运班列；向东深化同港口、船公司的合作，在稳定开行"洛阳—宁波港"铁海联运班列的基础上，常态化开行"洛阳—青岛港"铁海联运班列。

二是加快开放平台建设。积极推进洛阳综合保税区二期建设，中国 500

强洛阳国宏集团入驻综合保税区，引进中国物流、中国外运等 6 家外向型平台公司，引入报关行 3 家、货代企业 5 家、物流企业 4 家，签约项目 28 个，围网内注册企业达到 55 家。构建"综保+陆港"联动发展新模式，推进洛阳综合保税区与东方红陆港进行业务深度融合。

三是积极融入共建"一带一路"。围绕创新研究、创新评估、组织创新培训和交流等方面加强区域发展协同，深化产业互利合作。发挥洛阳共建"一带一路"重要节点城市，以及前海蛇口自贸片区共建"一带一路"倡议支点的特色和优势，共同拓展创新合作新格局，统筹推进陆海空网四路协同。探索"一轴双园区"（一轴即中亚班列，双园区即海外园区洛阳—布哈拉农业示范区和国内国际农产品冷链物流园）模式，洛阳—布哈拉农业综合示范区获评首批省级境外农业合作示范区。加快推进在乌兹别克斯坦建立国家级大型实验室和石墨烯研究中心，推进洛阳—布哈拉大鑫矿业石墨矿项目。

6. 推动开放经济快速发展

2023 年实现货物进出口 69.8 亿元，同比增长 21.1%。签发 RCEP 原产地证书 1403 份，惠企出口商品 7.33 亿元。

一是创新服务贸易发展机制。截至 2023 年 10 月，洛阳片区共承接哈萨克斯坦、沙特阿拉伯等"一带一路"国家的服务外包业务，签约金额达到 3000 多万美元；承接泰国、越南等 RCEP 国家的服务外包业务，签约金额达到 1900 万美元。持续推进"高端装备制造+服务""工程+服务"国际化、信息技术"服务+"发展，加速形成有助于服务贸易业态创新的多元化、可持续发展模式。

二是推进跨境电商创新发展。2023 年，跨境电子商务综合试验区线上综合服务平台项目（一期）通过国家验收，实现跨境电子商务进出口业务数据的无纸化、电子化、自动化申报和管理，为跨境电商企业提供高效便利的口岸通关服务。片区河南吉乐富跨境供应链管理有限公司成功获得越南农业与农村发展部授权认证，推动该国拳头产品 ST25 大米首次进入中国市场，实现洛阳 1210 跨境电商进口零售业务新突破。有序推进海外仓发展，鼓励跨境电商企业建设区域中心仓、分拨仓、前置仓，提升电商物流配送效率，带动外贸高质量发展。截至 2023 年年底，洛阳片区 10 余家企业已在 22 个国家和地区设立 36 个海外仓，总面积达 40.2 万平方米。

三是支持外贸综合服务企业发展。目前，片区内共有 3 家省级外贸综合服务企业，为片区外贸企业提供报关、物流仓储、法务财税、信保、退税、金融创新等传统外贸综合服务及跨境贸易平台、跨境支付、国际物流、海外仓等创新式外贸综合服务，累计服务企业 500 余家。

四是拓展境外投资合作。大力支持本土制造业龙头企业"走出去"，促进与"一带一路"国家深度合作。中国一拖是首批进驻中国—白俄罗斯工业园的中方企业之一，在吉尔吉斯斯坦、哈萨克斯坦等国建立组装厂，"东方红"拖拉机占据吉尔吉斯斯坦 90% 的市场份额。洛钼集团通过大规模海外资源并购晋级稀有金属世界级龙头企业，现已发展成为资产营运遍布亚洲、非洲、大洋洲、南美洲四大洲，资产超千亿元的跨国矿业集团。中信重工在共建"一带一路"国家设立 7 家境外机构，产品和服务覆盖 68 个国家和地区，已成为全球领先的矿业装备供应商和服务商，累计向非洲 10 余个国家出口大型矿业装备，是非洲最大的矿业装备供应商。

（二）建设展望

2024 年，加快实施自贸试验区提升战略，加强洛阳片区改革整体谋划和系统集成，服务全产业链创新发展，充分发挥"五区联动"优势，锚定"风口产业主战场、改革开放新高地、经济发展增长极"目标，聚焦重点领域、关键环节开展深层次改革，促进国内国际市场相通、产业相融、创新相促、规则相连，打造一流营商环境，更好地发挥自贸试验区改革开放综合试验平台作用。2024 年，培育形成制度创新成果 10 个，新设市场主体 3800 家，实际使用外资 2150 万美元，实现进出口总额 100 亿元。力争全年签约亿元以上项目 25 个。自贸试验区洛阳片区和洛阳综合保税区国家考评进入 B 级行列。

1. 实施重点项目攻坚行动

牢固树立"项目为王"工作导向，确保 20 个省市重点项目加快建设、早日达效。落实项目建设领导包联、台账管理、项目例会等制度，确保 2024

上半年洞光石化高端装备、双瑞钛业精密钛合金部件智能制造等 11 个总投资 105 亿元的省重点项目开工建设；麦斯克硅外延片、数字产业基地等 6 个总投资 66 亿元的省重点项目顺利竣工。力争中航光电高端互连科技产业社区、麦斯克 360 万片 8 英寸硅外延片、智慧岛二期等项目加快建设。加快与中南高科合作，聚焦人工智能、光电产业链上下游，打造洛阳人工智能智荟科技产业社区。全力打造"一核一轴四链一城"智能制造产业创新生态，以智能制造为核心，以前端现代服务业—中端实体经济—后端数字经济互通发展为主轴，优化布局生物医药、新能源汽车、机器人及智能装备和电子信息制造四条产业链，建设具有国际竞争力和吸引力的千亿级智造科创新城，为制造强国打造"洛阳样板"。

2. 实施招商引资攻坚行动

一是实施精准招商。聚焦中航光电、中航锂电等本地龙头企业，提高产业链本地配套比例，布局引入超连续光谱仪、晶圆检测设备、医疗影像仪器设备等光学精密仪器设备。聚焦人工智能产业发展，力争在机器人产业园、数字经济产业园内积聚一批光电配套产业，推动人工智能智荟产业园等在建项目尽快竣工投产。二是推动外资外贸提质。重点跟踪运畅农林开发有限公司矿产项目、瑞昌环境智能工厂项目、正大新能源汽车零部件项目、正和生物医药产业园项目等外资项目，力争 2024 年完成实际吸收外资 2150 万美元。持续推动河南众创、河南博玖供应链等设立海外仓，重点做大跨境电商 B2B 出口规模，完善跨境电商产业生态；推动河南吉乐富跨境供应链管理有限公司扩大"1210"保税进口业务。三是要强化招引效能。加大与中国船舶集团、厦门钨业、国机集团的对接力度，着力挖掘产业龙头企业的发展需求，推动发挥龙头企业带动引领作用，引育产业链配套企业，抓好存量招商。推动境外招商引资方面，探索开展外资及经贸合作，对照产业发展规划，谋划前往东南亚、中亚等地招商计划，对接越南国家农业部、马来西亚商会等，主动引进优质海外客商及项目资源。

3. 实施产业创新攻坚行动

坚持科技创新推动产业创新，培育更多创新主体，加快提升新质生产力。

一是着力推动创新主体倍增。加快培育德道塑料、汇晶新材料、吉凯斯等一批成长性好、发展潜力足的优秀企业进入高新技术企业培育库，针对不同类型企业开展梯度培育，不断壮大中小微企业规模。2024 年力争新增在孵企业 200 家，备案国家科技型中小企业 400 家，高企培育库库内企业超过 110 家。二是强化创新载体建设。充分发挥政策"强链"效能，引导载体向专业化、产业化、平台化发展，全年建设提升市级以上双创孵化载体 3 个、孵化载体总量突破 40 家。围绕高校院所、国家重点实验室等高能级平台，加快培育高质量孵化器，促进孵化载体与科研院所、龙门实验室、一拖国家重点实验室、普莱柯 P3 实验室等国家重点实验室进行深度合作，畅通"转化—孵化—产业化"链条，充分发挥技术"补链"作用。重点推动 P3 实验室和河南省动物疫苗与药品产业研究院建设。三是推动科技成果转移转化。持续加强河南省科技成果转移转化示范区建设，鼓励指导企业与高校院所交流，发挥河南科技大学、洛阳理工学院等高校在先进制造、新材料等方面的产业技术优势，推动共建实验室、工程技术中心、产业技术研究院等共建共享。筛选一批可实施、可转化、可应用的科技成果，利用科技金融大市场平台作用，推进先进技术成果与经济产业发展融合。支持中航光电 5G 光网络研发项目、普莱柯生物畜禽灭活疫苗等 18 项创新成果实现量产形成规模，有效吸引生物疫苗领域企业、项目集聚。四是加快科技产业社区建设。强化平台运营职能，提高市场化运营水平，运用市场手段推动发展，把运营实效作为平台考核评价的重中之重。五是提升周山智慧岛运营质量。充分发挥豫信电科、科技金融大市场等第三方机构作用，吸引更多优质企业、创业团队、重大项目在智慧岛落地，不断提升智慧岛科技创新能力、产业集聚水平和引领带动效应。推动普莱柯作为龙头企业，联合河南科技大学等高校以及中科科技园、赛威、普泰等上下游企业申报创新联合体。

4. 实施开放平台建设攻坚行动

一是扩大制度型开放。加快实施洛阳片区提升战略，支持企业开展重点行业再制造产品进口试点，探索开展药食同源商品进口通关便利化改革试点，支持跨境交付等服务贸易模式发展，构建与跨境服务贸易负面清单管理模式相匹配的监管体系。2024年新培育形成制度创新成果10个以上，力争3项以上在全省复制推广。积极融入"一带一路"和郑洛西高质量发展合作带，推动各类开放平台载体功能集合、联动发展，构建更高水平的现代开放体系，打造洛阳都市圈双向开放核心枢纽。深度融入国家战略，探索"西联南引"两个方向，"西联"与独联体国际科技合作联盟合作，通过搭建研究院交流平台，深化国际合作机制，建设"一带一路"国际名优产品及技术展示中心、国际产业和创新研究院；"南引"以泰国正大集团为支点，积极拓展与RCEP成员国经贸合作，推动RCEP效能不断升级，为区域经济合作提质增效。

专栏3.7

开放合作重点项目

洛阳—布哈拉农业综合示范区 建成集粮食、干果、肉制品的收购、加工及仓储工厂，形成一定的进出口规模，2025年建成国际一流的国家级海外园区。

布哈拉州石墨科技产业园区 筹建国家级大型实验室和石墨烯研究中心，带动石墨烯产业链在中国和乌兹别克斯坦共和国之间双向推动，并在洛阳聚集形成石墨产业园区。

马克马尔金矿 诚拓新能源科技有限公司收购吉尔吉斯斯坦马克马尔金矿项目，筹建西拓（洛阳）矿业设计研究院。

华瀚与蒙古合作项目 华瀚（洛阳）国际贸易有限公司参与蒙古国铁路建设采购、焦煤、铁精粉、铜精粉、天然气、牛羊肉等大宗货物贸易合作。

国际文化交流中心 建设国际文化交流中心，打造集艺术品展览交易、仓储，及黄河流域文化挖掘创新、国际研学旅游集散、国际文化创意设计外包基地。

二是推动洛阳综合保税区高水平开放。加快培育综合保税区贸易新业态新模式，紧盯跨境电商、保税维修、保税研发、保税租赁等新业态，利用游盛集团、吉乐富公司、山特维克、霍尼韦尔等企业，推动拓展非实物贸易、跨境电商、保税维修等新业态，力争全年实现进出口额80亿元，新引入外贸企业20家以上。探索实行市场化运营模式，强化与国宏集团的深度合作，探索"综保中心+公司"模式，推动提升综合保税区建设运营综合水平。按照"优势与特色"结合发展、"网内与网外"联动发展、"科技与贸易"协同发展、"城市与产业"融合发展的建设思路，把综合保税区建设成为五大基地；发挥洛阳都市圈交通物流优势，建设服务中原地区的保税物流基地；发挥洛阳市具有雄厚的工业基础和先进装备制造能力的优势，建设辐射全国的保税智能制造基地；发挥洛阳国家级研究院所密集、科技自主创新能力突出优势，建设引领行业的保税设计研发基地；发挥洛阳市高职院校众多和电商人才培养优势，建设面向全球的跨境电子商务综合服务基地；发挥洛阳共建"一带一路"重要节点城市和历史文化名城优势，建设链接国际的进出口商品交易展示基地。努力将洛阳综合保税区打造成为洛阳都市圈产业转型升级的新引擎、中原城市群对外开放合作的桥头堡、国内国际"双循环"的活力源。

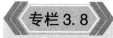

专栏3.8

综合保税区重点项目

洛阳综合保税区口岸作业区 总建筑面积5万平方米，主要建设海关卡口、海关办公大楼、查验仓库、熏蒸仓库，综合保税区智能化服务平台等。

中德（洛阳）跨境贸易基地 以建设"洛阳跨贸海外仓"为主体，与位于德国法兰克福的海外仓形成联动体系，重点开展工业精密机械加工设备进出口、跨境电商贸易服务、保税仓储服务及欧洲奢侈品保税进口、东盟食品保税进口等国际贸易相关业务。

洛阳综合保税区食品深加工项目 申报指定肉类口岸，依托综合保税区无配额限制要求和自贸试验区制度创新优势，积极对接海外龙头企业，在保税区内开展冻肉类等深加工项目。

拉美综合保税物流枢纽项目 聚焦中拉经贸合作主题，精准遴选并导入双方互补型产业领域，实现保税存储、贸易、物流、加工、展销及金融服务等功能集聚，构建基于洛阳（河南）、面向中拉、辐射全球的保税贸易中心和物流枢纽平台。

洛阳综合保税区农作物深加工项目 积极对接海外农产品龙头企业，在保税区内开展大豆、玉米等深加工农业项目。

国际智能装备创新中心 积极对接中德城市联盟、瑞中丝路促进会、中比科技园、旅欧华人专业协会、芬兰VNT投资集团等，搭建智能制造国际创新合作中心，打通项目、技术、人才、资金进出通道，降低引进项目、技术合作落地成本，为智能制造企业"引进来，走出去"提供全方位服务支持，构建国际服务外包协同创新生态体系。

综合保税区有色金属分拨中心项目 利用正威集团全球贸易链条资源，主要以精矿进口、钼铁出口、钨钼新材出口、有色金属加工贸易和承担供应链服务企业进出口货物的分拨为主，解决洛阳及周边有色金属冶炼企业采购资金短缺、原料供应质量和数量不稳定等问题。

三是发展高层次开放型经济。加快培育开放平台，积极申报国家进口贸易促进创新示范区，建设医药产业出口基地、高端装备制造出口基地、家电、新能源汽车和新材料出口基地。与郑州及沿海口岸对接，推动跨区域通关一体化。大力发展跨境电商，规划建设集跨境电商产业发展基地、跨境电商综合服务平台、跨境电商人才培训基地等功能于一体的跨境电商产业园。提升招商引资水平，以保税研发、保税加工企业作为重点，兼顾跨境电子商务和保税农产品项目开展专项招商工作。紧盯一批"两头在外"的行业龙头企业、独角兽企业，制定个性化的招商方案，"一对一"跟踪推进。紧盯国内外500强、行业500强和隐形冠军企业，引进一批具有国际竞争力的知名企业和高端项目。

5. 实施企业服务攻坚行动

一是持续开展难点问题攻坚。强化问题台账梳理工作，分类、分批解决企业反应问题和诉求。坚持"万人助万企"工作推进例会制度，针对重点问题逐个研判，研究确定解决办法；每季度开展专项问题解决行动，确保非资金类问题解决率达到100%。

二是提升行政审批效能。在洛阳片区重点园区内率先实现高频政务服务事项100%全程网办，新业态、新模式涉及的行政许可事项办理"最多跑一次"，建立线上"一站式"服务平台，设立综合法律服务中心，建立跨区域、跨部门知识产权联合执法协调机制，优化项目建设工程审批服务，实施"容缺办理""告知承诺"等审批服务模式。率先在无仓储危化审批领域创新推行"批量受理"优化流程，针对同一危化园区的同类业务，"打包"集中办理，全程指导其提交申请、完善材料，再造办事流程，力争压缩企业办事时间和成本95%以上。

三是优化金融服务。推动基金业扩大开放。分层次分梯度推进企业对接多层次资本市场，引导证券公司、会计师事务所、律师事务所等中介机构，加大对企业股改、财务规范等方面的业务指导。重点推动片区企业在主板、"新三板"、"四板"挂牌上市。探索完善类金融管理机制，持续健全金融、类金融培育发展体系，优化入驻办理流程，构建"一站式"服务模式，引进金融、类金融机构，丰富区内金融供给。

四是盘活低效用地。动态调整高新区低效产业用地台账，精准运用政府收储利用、企业自主续建、市场主体盘活等多种方式，制定有针对性、具备可操作性的处置方案，加快实施"承诺制+标准地"改革，全面实行重大产业项目"拿地即开工"，推进项目落地。2024年力争盘活低效用地1000亩，保障项目"承诺制+标准地"供应土地650亩。

第四部分

年度专题篇：
探索河南自贸试验区
提升战略新路径

NIANDU ZHUANTI PIAN：

TANSUO HENAN ZIMAO SHIYANQU

TISHENG ZHANLÜE XINLUJING

党的二十大报告提出，推进高水平对外开放、实施自由贸易试验区提升战略，稳步扩大规则、规制、管理、标准等制度型开放，为自贸试验区新一轮发展指明了方向、提出了更高要求。河南自贸试验区建设 6 年来，秉持"为国家试制度、为地方谋发展"使命，以制度创新为核心任务，着力探索制度型开放的新模式、构建制度型开放的新体制，打造市场化、法治化、国际化的营商环境，贸易投资便利化为核心的政策制度体系不断健全，以开放促改革、促发展的能级持续提升，改革开放综合试验平台的作用日益彰显。新时期，深入实施自贸试验区提升战略，河南自贸试验区需要进一步解放思想，以提升国际高标准经贸规则对接水平、提升市场准入水平、提升改革系统集成水平"三个提升"为重点，更加深入推进制度型开放，更大力度破解制约高质量发展的政策制度障碍，为高水平对外开放和高质量发展提供更强大的动力。

一、河南自贸试验区建设取得重要成就

2017 年 4 月 1 日，河南自贸试验区挂牌成立，将不沿海、不临边、深居内陆的中原大地，历史性地推向了改革开放的最前沿。作为第三批试点，河南自贸试验区设立 6 年来，按照国家赋予的"两体系、一枢纽"战略定位，以制度创新为核心，大胆探索、勇于突破，在全面深化改革开放、促进产业发展、推进"两体系、一枢纽"建设等方面成效显著，充分发挥了改革开放的试验田作用。

（一）全面深化改革开放持续推进

对标国际经贸新规则，在投资、贸易、金融、事中事后监管、法律、要素资源等领域深化改革探索，破解深层次矛盾和结构性问题，推出了一大批

基础性、开创性改革开放举措，有效发挥了改革开放综合试验平台作用。

一是营造良好制度创新环境。着力加强基础制度体系建设，已经形成总体方案引领、建设实施方案统筹、片区实施方案落实、五大服务体系支撑、专项配套政策合力支持、"意见"推动、"条例"依法保障的自贸试验区制度框架体系。注重推动政府管理理念和模式变革，以"放管服"改革为抓手，以事中事后监管为重点，以信息化为手段，全面推进政府管理体制机制创新，构建了条块结合、协同推进的管理架构和常态化的运行机制，形成了上下联动统筹协作，顶层设计与基层探索良性互动的格局。赋予自贸试验区更大改革自主权，以"综合性、一揽子授权""应放尽放"为原则，省市政府加大向自贸试验区下放管理权限力度，充分释放自贸试验区在自主决策、制度创新、探索实践等方面的空间和活力。

二是强化系统集成改革。立足战略定位，依托区位特色、资源优势，着力强化系统集成创新，特色化集成化制度创新成效显著，以贸易投资便利化为核心的政策制度体系不断健全。主要表现在：（1）深化跨区域、跨部门、跨行业系统集成创新。打通不同地区、部门和行业之间的壁垒，推出了更多集成性制度创新成果。（2）深化新领域、新业态、新模式突破性创新。各片区立足功能定位，围绕多式联运、跨境电商、文化产业国际化、智能制造产业发展等重点改革领域，大力开展差别化、突破性制度创新。（3）深化多平台、多渠道、多主体联动性创新。统筹各类开放平台，协同整合多方力量，用足用好各类资源要素禀赋、功能优势和政策叠加效应，共同推进制度创新。（4）聚焦企业全生命周期服务创新。在企业开办、建设、运营、退出阶段，推出更多便利化措施。

三是加快推进制度型开放。河南把推进制度型开放作为推动现代化河南建设的"十大战略"之一，加快探索投资贸易便利化创新实践，积极构建与高标准国际规则相衔接的制度体系，探索形成了一批重大制度创新成果。"四路协同"、跨境电商、期货交易、文化产业国际化、营商环境等领域的改革创新举措走在全国前列。这些改革创新成果对标国际高标准经贸规则，对接国家战略要求，契合企业发展诉求，服务区域经济高质量发展和国家战略作用日益突出。截至 2023 年年底，累计形成 559 项改革创新成果，其中 18 项创新成果被国家层面采纳推广。

四是复制推广初显成效。不断优化复制推广机制和方法，推动建设河南自贸试验区开放创新联动区，推进自贸试验区与重点园区在制度创新协同、改革经验推广、省级权限下放、产业协同发展、开放平台打造等方面优势叠加、联动创新、共同发展，为全省改革开放带来了活力动力。

（二）制度创新与产业发展融合程度不断深化

聚焦产业发展所需创新制度供给，推动制度创新与产业发展深度融合、相互促进，制度红利不断转化为产业发展动力，产业结构转型步伐加快，新业态、新模式产业形态蓬勃发展。各片区聚焦特色产业链创新，产业发展实现高质量聚集，产业链特色优势显现，引领推动全省形成更高层次的现代产业体系。

一是营商环境不断优化。"证照分离"改革和负面清单管理模式得到全面实施，审批环节大幅压缩，投资准入限制大幅减少，投资服务体系日趋成熟。国际贸易"单一窗口"和便利化通关模式得到实质推进，自贸试验区片区法庭、国际商事仲裁院相继获批成立。从负面清单管理，到"证照分离"，再到"一次办妥"，通过不断创新政府管理体制机制，重审批、轻监管、弱服务的传统管理模式得以改变，法治政府和服务型政府建设成效显现，大幅降低了企业运营的各种制度性交易成本。市场主体对营商环境满意度持续提升，营商环境日益向国际标准先进水平靠拢。良好的营商环境有效激发了市场活力。截至 2024 年 4 月底，累计入驻企业 13.2 万家，是挂牌前的 4.9 倍。2023 年，以不到全省面积万分之七，贡献了全省外资的 24%、全省外贸的 6.2%。

二是创新高地建设成效逐步凸显。不断优化创新发展环境，推动技术、人才、数据等各类要素自由便捷流动，促进创新链产业链深度对接。聚焦重点产业，强化科技创新支撑保障，支持全产业链融合升级，赋能传统产业转型，培育发展战略性新兴产业，加快发展新经济、新业态、新模式，推动产业基础高级化、产业链现代化，打造多个具有竞争力的产业集群，逐渐形成以战略性新兴产业为先导、先进制造业和现代服务业为主体的现代产业体系。自贸试验区正在成为培育新动能和加速新旧动能转换的重要经济功能区。

三是特色产业集群创新发展。各片区立足发展定位和特色优势，将自贸试验区建设与推动地方经济社会发展有机结合，注重开展差别化探索，着力培育特色产业，力争打造各具特色的高质量发展模式。郑州片区打造多式联运国际性物流中心、开封片区建设服务贸易创新发展区和文创产业对外开放先行区、洛阳片区打造国际智能制造合作示范区三个专项方案出台，加大政策创新力度，赋能产业发展。郑州片区作为中国（河南）自由贸易试验区的重要组成部分与核心承载区，紧紧围绕国家赋予的"两体系、一枢纽"战略定位，在跨境电商、多式联运等重点领域，形成一批在全国复制推广、具有示范引领作用的系统集成性的制度创新成果。开封片区通过三维共建"创新政策、搭建平台、培育主体"，积极探索文化产业国际化路径。洛阳片区探索高端制造发展新路径，重点发展装备制造、机器人、新材料等高端制造业。

(三)"两体系、一枢纽" 建设加快推进

河南自贸试验区充分发挥交通枢纽优势，创新实践"空铁陆海"多式联运，打造贯通南北、连接东西的现代立体交通体系和现代物流体系，推动河南向全国货物流通最快最好的多式联运国际性物流中心迈进，促进交通区位优势加快转变为枢纽经济优势。截至2023年年底，以郑州立体综合交通枢纽为中心，陆空对接、通联海港、多式联运的现代综合交通运输体系初步建成，民航、铁路、公路"三网融合"和航空港、铁路港、公路港、出海港（国际陆港）"四港联动"的集疏运体系基本形成，"互联互通、物流全球、一单到底"的多式联运服务体系加快建设，国际、国内交通物流中心地位持续上升。陆上、空中、网上、海上四条"丝绸之路"建设取得重大进展，"四路并举"开放通道越来越宽。六年来，中欧班列（中豫号）累计开行超10000班，业务网络遍布40多个国家140多个城市，形成了"境内境外双枢纽、沿途多点集疏"格局。郑州机场开通全货机航线49条，客运航线194条。"网上丝路"建设亮点突出，在全球范围内首创跨境电商保税进口"1210模式"，"一区多

功能""跨境秒通关"等创新举措成为行业标杆。

河南自贸试验区设立以来，不断创新、不断突破，不论是制度创新，还是产业高质量发展，都取得了令人瞩目的成绩。但与此同时，也存在一些亟待解决的问题和难题。例如，在体制机制方面，省自贸办、片区管委会统筹能力弱，跨层级、跨部门沟通衔接机制不畅，试错容错、考核评价、督察激励等机制执行不到位。制度创新的系统性、协同性不够，在跨境服务贸易、新型贸易方式、金融创新等领域的集成创新阻力很大。再制造产品、药品、化妆品、奶制品、特医食品、艺术品等重要货物进口的便利化和自由化程度不足。跨境资金流动、科技金融、跨境电商金融等领域金融服务创新有限，金融领域的创新成效低于预期。在数字贸易、数字金融等新兴领域和政府采购、国有企业、环境保护等"边境后"规则领域，对标国际先进规则处于初步探索阶段，成效尚不明显。制度创新赋能高质量发展成效有待进一步加强，传统管理和监管模式与新经济、新业态发展需要之间不相适应的矛盾仍然突出，行业管理的事权与地方扩大开放和改善营商环境的迫切需要之间不相匹配，部分制度创新与市场需求脱节，制度创新与产业创新协同机制仍需完善。发挥自贸试验区辐射带动作用的体制机制尚未完全建立，开放创新联动区建设等政策举措有待落地实施，还未完全实现自贸试验区与全省各类开发开放平台制度创新共试、改革赋权共享、政策措施共用，自贸试验区辐射带动作用尚未充分发挥。这些问题是改革发展中的问题，也是以制度创新为核心任务的自贸试验区必须要解决的问题。

二、实施自贸试验区提升战略的重要性

自 2013 年上海自贸试验区设立以来，我国自贸试验区建设取得了重大成就，形成了较为完善的政策制度体系，建成了一批世界领先的产业集群，在全方位服务和引领高质量发展中作出了重大贡献，已成为服务国家战略的重要平台、深层次改革的开路先锋、高水平开放的先导力量、高水平开放促进高质量发展的示范。在贸易、投资、金融、政府职能转变等方面取得了重要

突破，形成了多个"第一"。在外商投资管理体制方面，率先实施外商投资准入前国民待遇加负面清单管理模式，推动外商投资管理体制实现历史性变革。创新贸易管理模式，率先建立以国际贸易"单一窗口"、高效便利海关监管为核心的贸易管理模式；率先推出跨境服务贸易负面清单管理模式，推进服务业综合开放，有力支撑贸易强国建设。加快推进金融创新，率先探索自由贸易账户等一批开创性举措，金融开放创新稳步推进。在市场化配置体系建设方面，在人才管理、数据资源集聚、土地流转等方面不断推出相关改革，为国内要素资源市场化配置提供良好示范。在政府职能转变方面，率先实施"证照分离"等一系列政府管理改革，持续推动权限下放，促进营商环境改善和政府职能加快转变。完善产权保护，强化知识产权保护和运用。深化国资国企改革，完善公平竞争环境。这些制度创新既有根本性的制度变革，也有系统性制度创新和全流程制度优化，对构建高水平社会主义市场经济体制起到重要推动作用。

经过十年建设，我国自贸试验区站在了新的起点，国内外发展环境也发生了巨大变化。目前，世界正在经历百年未有之大变局，我国发展的外部环境复杂严峻，不稳定性、不确定性凸显。一是经济全球化呈现新的发展模式。2008 年国际金融危机以后，全球化进入阶段性调整期。逆全球化、民粹主义抬头，全球价值链供应链重构加速，本土化、区域化、短链化重塑趋势明显，全球国际直接投资规模总量大幅缩减，国际贸易摩擦加剧，我国外向型经济发展面临挑战。二是国际经贸规则加速演变。国际经贸规则呈现自由化便利化要求更高、负面清单日益成为重要开放方式的发展趋势；谈判议题从进出口关税、外商投资准入等边境措施不断向政府采购、国有企业、劳工、知识产权保护、环境保护、竞争政策等"边境后议题"延伸。三是旧国际贸易秩序面临崩塌危险。WTO 改革陷入困境，大量的区域规则兴起。全球经济区域化、全球治理碎片化趋势明显。制度型权力博弈加剧，塑造全球治理新秩序的国际斗争进入关键期。四是国际经济合作的政治化趋势凸显。中美战略博弈加剧，地缘政治因素对国际经贸合作施加的影响日益显著。中美、中西经贸摩擦高涨，全球经济动荡、低迷徘徊，贸易保护主义抬升，金融、科技和经贸领域的经济制裁与反制裁的法律斗争呈现不断上升势头。受地缘政治影响，跨国公司主导的效率导向型投资转向国家主导的产业链供应链安全导向型投资，产业链回迁、"友岸"、"近岸"外包趋势明显，全球经济面临分裂、碎片化的风险。

同时，我国高质量发展的要求日益迫切。党的十八大以来，我国经济发展进入新常态。经济发展模式从速度到质量发生深刻变化，创新、新质生产力成为关键发展动力，经济发展方式从粗放式发展向绿色集约式发展转变。党的二十大把高质量发展作为全面建设社会主义现代化国家的首要任务，并强调这是中国式现代化的本质要求。在高质量发展过程中，许多制度政策障碍仍然存在，需要更大力度以开放促改革、促发展。

关于如何正确认识国内外新形势，习近平在党的十九届五中全会第二次全体会议上的重要讲话指出，我们的判断是危和机并存、危中有机、危可转机，机遇更具有战略性、可塑性，挑战更具有复杂性、全局性，挑战前所未有，应对好了，机遇也就前所未有。面临国际经济格局加速演进的新形势和我国新一轮开放格局提出的新要求，尤其是我国开启全面建设社会主义现代化国家新征程之后，自贸试验区建设任重而道远。如何进一步推动自贸试验区深化改革开放探索、发挥好改革开放综合试验平台作用，是摆在当前的重要问题。

2023年9月，习近平总书记就深入推进自由贸易试验区建设作出重要指示。习近平强调，新征程上，要在全面总结十年建设经验基础上，深入实施自贸试验区提升战略，勇做开拓进取、攻坚克难的先锋，在更广领域、更深层次开展探索，努力建设更高水平自贸试验区。要坚持党的全面领导，坚持以高水平开放为引领、以制度创新为核心，统筹发展和安全，高标准对接国际经贸规则，深入推进制度型开放，加强改革整体谋划和系统集成，推动全产业链创新发展，让自贸试验区更好发挥示范作用。

党的二十大报告提出，推进高水平对外开放，加快建设贸易强国；增强国内国际两个市场两种资源联动效应，提升贸易投资合作质量和水平；稳步扩大规则、规制、管理、标准等制度型开放；加快建设海南自由贸易港，实施自由贸易试验区提升战略，扩大面向全球的高标准自由贸易区网络。

党的二十大报告提出"实施自由贸易试验区提升战略"，是对自贸试验区新征程上作出的新的战略部署，是进一步提升自贸试验区开放能级、寻求更深层次体制机制改革突破的重要战略举措，是应对世界百年未有之大变局、争创国际竞争优势、参与和主导全球经贸治理的需要，不仅有利于中国自身发展，也将惠及世界。

自贸试验区提升战略，既是二十大提出的深化改革任务之一，也是二十大提出的各项深化改革任务实施的试验田。作为改革开放综合试验平台，自贸试验区在构建高水平社会主义市场经济体制、推进高水平开放、建设现代化产业体系、促进区域协调发展、全面推进乡村振兴等方面担负更重要的改革创新任务。实施自贸试验区提升战略，要围绕服务构建高水平社会主义市场经济体制、推动建设现代化产业体系、促进区域协调发展、引领高水平对外开放、发挥辐射带动作用、统筹开放与安全等重点，进一步提升改革开放发展能级。

商务部对自贸试验区提升战略作了具体部署，强调3个"提升"。一是提升对接国际高标准经贸规则水平。聚焦贸易投资、政府采购、知识产权、环境等重点领域，率先构建与国际高标准经贸规则相衔接的制度体系和监管模式，为深化国内相关领域改革破冰、破题。二是提升市场准入水平。重点在投资和服务贸易领域加大压力测试。继续合理缩减外资准入负面清单，加大现代服务业领域的开放力度。出台自贸试验区和全国版跨境服务贸易负面清单，在更大范围内实行跨境服务贸易管理新模式。三是在改革系统集成、协同创新上要提升。加强跨部门、跨领域、跨行业统筹协调，增强先行先试的系统性、整体性、协调性，顺应当前新产业、新模式、新业态不断涌现的态势，进一步在提升贸易投资自由化便利化水平的基础上，加强制度集成创新。以制度创新助力加快建设现代化产业体系，维护我国产业链供应链安全稳定。

2023 年 6 月，国务院印发《关于在有条件的自由贸易试验区和自由贸易港试点对接国际高标准推进制度型开放若干措施的通知》，率先在上海、广东、天津、福建、北京 5 个自贸试验区和海南自贸港主动开展试点，聚焦货物贸易创新发展、推进服务贸易自由便利、便利商务人员临时入境、促进数字贸易健康发展、加大优化营商环境力度、健全完善风险防控制度等方面作出部署。2023 年 11 月，国务院关于印发《全面对接国际高标准经贸规则推进中国（上海）自由贸易试验区高水平制度型开放总体方案》的通知，强调在货物贸易、服务贸易、数字贸易、知识产权、政府采购、边境后措施、风险防控等领域加大改革创新力度。

全国各地自贸试验区相继制定提升方案。这些方案坚持以高水平开放为引领、以制度创新为核心，统筹发展和安全，高标准对接国际经贸规则，深入推进制度型开放，加强改革整体谋划和系统集成，推动全产业链创新发展，着力建设更高水平开放型经济新体制，为国家扩大高水平对外开放试点探路。例如，广东自贸试验区提升战略行动方案把对标国际高标准规则、强化航运贸易枢纽功能、促进投资贸易便利化、提升金融开放创新能级、提升产业链现代化水平、深化粤港澳全面合作、加强区域协同发展等作为重点工作任务。浙江自贸试验区提升行动方案提出实施大宗商品配置能力提升行动、数字自贸试验区提升行动、国际贸易优化提升行动、国际物流体系提升行动、项目投资提升行动、先进制造业提升行动、制度型开放提升行动、数智治理能力提升行动等八大提升行动。江苏自贸试验区实施提升战略三年行动方案把提升开放型经济能级、提升产业集群竞争力、提升资源要素集聚力、提升国际一流营商环境影响力、提升服务重大战略能力等作为主要任务。

三、着力实施九大提升行动

河南实施自贸试验区提升战略，需要聚焦推动高质量发展的突破口和关键点，高起点、高目标系统设计新一轮改革路径，加强改革整体谋划和系统集成，围绕加快打造科创自贸、产业自贸、数字自贸、枢纽自贸、绿色自贸，开展超常规政策制度设计，进一步提升制度创新能级、开放发展能级、服务产业能级、创新驱动能级、系统集成能级、联动发展能级，着力建设内陆高水平对外开放的门户枢纽和推进制度型开放的重要平台，引领内陆地区以高水平对外开放实现跨越式、高质量发展。

（一）高水平制度型开放提升行动

制度型开放就是改革和完善不适应开放型经济的生产关系，既要"制度进口"也要"制度出口"。坚持把规则对标同中国国情、中国发展阶段紧密结合，既要在"公平"议题上对高水平国际经贸规则进行"先行先试"，也要在"发展"议题上加快推进中国规则范式探索，为全球治理体系改革提供"中国方案"。

一是对标国际经贸新规则。制度对标是制度型开放现阶段的重要任务，要强化制度学习，抓紧研究 CPTPP、DEPA 等高标准国际规则，明确在传统经贸合作领域、新兴领域、"边境后"领域、行业规则标准等领域对接国际高标准规则方面需要重点突破的领域，加快在自贸试验区先行先试，充分开展风险和压力测试，完善有利于对接国际规则的制度框架。

二是持续推进重点领域制度创新。在贸易、投资、金融等领域推出一批集成性、引领性的改革创新举措。提升货物贸易自由化便利化水平，拓展国际贸易"单一窗口"功能，精简贸易监管、许可和程序要求，推进智能化通关，扩大特定货物进口自由化便利化。加快服务贸易扩大开放，率先探索与服务贸易发展相适应的体制机制、政策体系，推行跨境服务贸易负面清单管理，提高服务贸易监管水平。促进内外贸一体化、服务贸易与货物贸易融合发展。完善外资准入负面清单与市场准入负面清单衔接机制，扩大增值电信、法律服务等领域市场准入，优化外资管理模式，建立国际投资"单一窗口"制度，切实保障外商投资合法权益。加快实施跨境资金自由便利为核心的金融政策，推动跨境资金流动、数字金融、跨境资产管理、跨境电商金融等领域金融服务创新，全力推动以科创金融、金融科技、跨境金融、供应链金融等为特色的新兴金融发展，提高金融服务实体经济效能。加强商务与金融协同，优化外贸综合金融服务，加强外资金融服务保障。探索建立数据要素流通和交易制度，构建电子商务新规则，探索建立数字贸易创新发展规则体系，放宽数字贸易领域市场准入，推动数据跨境服务中心建设，探索建立更加安全、便利的数据跨境流动机制。推进重点行业领域的标准制定，鼓励企业研发行业标准、国家标准，探索陆上贸易单证标准化体系建设，促进国内标准国际化。聚焦生物医药、智能制造、绿色再制造、物联网、数字化转型等重点领域，支持外商投资企业依法参与国内标准制定，加强标准化领域国际交流与合作。

三是探索"边境后"措施改革。探索国有企业分类管理与改革，推进构建公平竞争规则，推动国有企业遵守透明度原则，规范政府对国有企业的补贴政策。着力提升政府采购过程的公平性和透明度，强化政府采购监管体系改革，推进国内政府采购法律国际化。强化公平竞争，进一步优化非公经济发展环境，在市场准入、要素获取等领域给予非公经济更多机会。完善知识产权保护机制、侵权赔偿、服务平台建设，建立针对伪造商标和版权剽窃等行为的刑事程序和强有力的执法体系，加强地理标志产品、网络知识产权保护力度。

四是促进绿色发展。完善绿色贸易法律制度，创新环境监管模式，健全企业环保信用评价制度，推进绿色采购制度化，探索绿色供应链标准体系，打造绿色金融体系，推进绿色发展指标体系建设。鼓励金融机构推出更多符合绿色贸易特点的金融产品和服务，支持企业建立提高环境绩效的自愿性机制。

（二）开放通道提升行动

实施开放大通道战略，提升开放枢纽能级，更高效能打造双循环战略支点。拓展共建"一带一路"合作的深度和广度，主动对接新亚欧大陆桥、西部陆海新通道，着力打造贯通南北、连接东西的现代立体交通体系和现代物流体系，积极构建国际物流大通道，促进交通区位优势加快转变为枢纽经济优势。

一是深入推进"四条丝路"建设。优化国际航线网络布局，开辟和加密航线。深入实施郑州—卢森堡"双枢纽"战略，不断拓宽合作领域，丰富合作内容。加快建设河南—柬埔寨—东盟"空中丝绸之路"，拓展东南亚新航圈。瞄准"空中经济廊道"建设，建设郑州—柬埔寨—东盟第二条"空中丝绸之路"。加快建设郑州国际陆港，不断完善陆上通道网络。推动中欧班列（中豫号）东盟—郑州—中亚过境中转班列常态化运行，打通南阳至老挝万象新能源汽车国际物流通道。加快推进与瓜达尔港的战略合作，打通郑州港—瓜达尔港"水上丝绸之路"。支持企业建设跨境电商海外仓、商品展示中心、分拨中心、售后服务中心，完善"网上丝绸之路"。

二是大力推进国际物流体系建设。全面提升郑州、洛阳等综合交通物流枢纽与节点的功能地位，加快建设以"一单制"为核心的多式联运标准体系，探索创立高标准的多式联运技术标准，有效对接国际联运规则。大力发展"通道+枢纽+网络"的现代物流体系，构建物流枢纽干线网络体系，健全转运、装卸等物流标准，推进集装箱、托盘等设备标准化。进一步扩大物流业对外开放，建设国际化物流基地和国内集疏分拨中心，构建国际、区域、城市三级物流配送网络体系，最终实现"一单到底、物流全球"。

三是加快形成口岸开放新格局。建设高效运营的功能口岸体系和辐射全球的口岸开放新格局，推动口岸管理相关部门共用数据标准、共享数据信息、协同监管服务。探索开展口岸查验机制创新和口岸管理部门综合执法试点，创新多式联运（内陆型）海关和检验检疫监管模式，进一步简化流程，提高通关效率。

四是加快打造"数字丝路"。推进"丝路电商"建设，统筹发展跨境电子商务及配套线下业务，完善海关、检验检疫、退税、物流等支撑系统，健全售后服务和维权体系。积极推进"跨境电商+智慧物流"，建设智慧物流园区，打造国际网购物品集散分拨中心。

（三）全方位开放平台提升行动

着力打造重大国际交流合作高能级平台，加快形成高能级开放平台体系，进一步提升高端要素资源配置的能级。

一是积极推进内陆空港型自由贸易港建设。以全方位开放、全要素流动的改革理念，分步骤、分阶段探索构建自由贸易港政策和制度体系，着力推进金融自由、贸易自由、投资自由三大主线建设，积极争取中央授权，在授权范围内深入开展体制机制创新和服务创新。

二是深化开放平台协同创新。推动自贸试验区与全省各类开发开放平台统筹发展，探索制度创新共试、改革赋权共享、政策措施共用，协同打造高能级对外开放合作平台，形成引领区域发展的合力。发挥自贸试验区制度创新优势，通过制度创新提升经开区在吸引外资、促进产业高质量发展上发挥更大作用，进一步赋能高新区创新驱动发展动能。探索将综合保税区相关政策扩展到自贸试验区，提升和拓展综合保税区"保税+"功能。推动自贸试验区与航空港区融合发展，共享政策要素资源。

三是加强口岸国际合作。全面实施《推进"一带一路"沿线大通关合作行动计划》，探索与"一带一路"国家在技术标准、单证规则、数据交换、检验检疫、认证认可、通关报关、资质审核、安全与应急处置方面的合作机制建设。推进境内境外双向设立跨境贸易平台和电商综合运营中心，开展郑州铁路口岸与"一带一路"沿线口岸之间的集装箱加挂业务试点，探索郑欧班列起运地退税和国际中转运输模式。

四是提升口岸开放能级。深化智慧口岸建设，提升通关便利化水平。加快建设新平台，增设特定产品或满足特定产业的口岸。争取将航空港区作为"中国（河南）'空中丝绸之路'国际合作论坛"永久性会址，积极筹办"空港经济发展论坛"。

（四）产业链供应链提升行动

强化产业导向的政策制度设计，推动主导产业全产业链制度创新，打造更加丰富完善的产业生态，构建优势主导产业对外合作产业链供应链，建设更高层次的现代产业体系。

一是聚焦重点产业开展全产业系统集成创新。聚焦新能源汽车、智能制造、生物医药、集成电路、文化旅游等重点产业，开展全产业链制度创新，量身定制一揽子政策制度，构建覆盖全产业链的制度创新工作机制和系统性政策制度体系。

二是聚焦新产业、新业态开展前瞻性制度创新。在保税维修、再制造、新型易货贸易、离岸贸易、平台经济、数字经济和数字贸易等领域开展前瞻性政策制度设计，以制度集成创新赋能"制造+""保税+""金融+""贸易+"特色产业链发展。

三是构建优势主导产业对外合作产业链供应链。利用 RCEP 累计原产地规则，构建 RCEP 区域产业链供应链。聚焦新一代信息技术、航空航天、生物医药等领域，培育跨区域一体化发展的产业集群，合作构建安全稳定的产业链供应链。发挥空港枢纽优势，加强与东南亚、中亚、欧洲等国家经济技术合作，围绕重点行业产业链供应链关键原材料、中间品、技术和产品，拓展其他可替代供应渠道，促进形成供应链多元化格局。高标准建设国际合作园区，形成合理的产业链供应链分工。

（五）科技创新提升行动

以培育壮大新质生产力为抓手，加大政策供给力度，完善创新制度，优化创新生态，主动融入全球创新网络，增强科创赋能产业发展能级，着力建设具有竞争力的科技创新开放环境。

一是构建便捷高效的创新要素出入境通道。进一步放宽人员自由进出限制，加快落实 144 小时过境免签政策、便利的工作签证政策，进一步完善居留制度。争取科研用物资跨境自由流动改革试点，探索正面清单管理，优化科研物资通关措施，提升与全球创新网络节点的交流可达性。优化外籍人士公共服务，建设外籍人士服务中心，打造"一站式"涉外综合服务窗口，积极建立国际人才社区。

二是促进产业链创新链融合发展。围绕产业链部署创新链，推动创新全面服务产业发展；围绕创新链布局产业链，推动科技成果首次商业化应用和产业化，催生"人工智能+""工业互联网+""创新设计+"等硬科技产业新业态。探索建立"离岸研发、就地转化"的产学研合作机制。探索建立研究开发、成果转化容错保护机制。推动建设重大科技基础设施功能区，争取国家大科学装置布局。

三是开展科技成果市场化评价。进一步深化要素市场化改革，提高人才、技术、数据等高端要素资源配置效率。探索改革科技成果权益管理制度，赋予科研人员职务科技成果所有权或长期使用权。建立多元化科技成果市场交易定价办法，探索技术交易与资本市场对接机制。

四是推动创新平台互促发展。推进中原科技城与省科学院、国家技术转移郑州中心融合发展，联合实施创新平台建设、物理空间保障、科技成果转化、金融资本赋能、人才引育保障"五大工程"，建设世界一流科技城。

（六）营商环境提升行动

以制度创新着力营造市场化、法治化、国际化营商环境，打造制度交易成本更低、生产运行效率更高、资源要素聚集的优势。对标世界银行易商环境评价体系，着力推进监管框架、公共服务、实施效率三位一体整体改进。聚焦贸易、投资、资金、人才、企业运营五大自由便利，积极回应企业诉求，营造更加公开透明、可预期的营商环境。切实营造公平竞争市场环境，确保内外资企业在准入许可、经营运营、要素获取、标准制定、优惠政策、政府采购中的平等对待。营造准入准营营商环境，大幅度降低投资准入后市场准入门槛，推进"证照合一""照中含证"改革，进一步破解市场主体"准入不准营"问题。推进管理和监管模式适应新经济、新业态发展的需要，着力解决制度创新与市场需求脱节问题。打造国际法务区，吸引境内外法律服务机构入驻。加强法律服务创新，推动立法决策与高水平改革开放决策相衔接相适应，为制度创新和市场主体行为提供明确的法律依据。

（七）数字自贸试验区提升行动

推动数字化改革和自贸试验区建设充分融合，打造数字政府，提升数字监管、数据治理效能。加快促进数字技术和实体经济深度融合，提升数字赋能产业发展能力，协调推进数字产业化和产业数字化，推动数字经济集群化、特色化发展。加快推进数字物流、数字金融、数据枢纽、数字口岸、平台经济建设，建立数字经济创新先行区。持续优化数字经济发展环境，协同完善数据基础制度和数字基础设施，推进数据要素市场化配置。建立完善数据资产管理流程与制度，促进数据资产合规高效流通交易。加快对标高标准国际数字贸易规则，推动数据要素市场更高水平对外开放，以数据安全有序流动带动跨境数据产业链的提升和完善，充分释放数字要素价值。

（八）系统集成改革提升行动

凝聚改革合力，强化政策配套制度集成的系统性，最大化改革成效。持续深化行政管理体制改革，大力推进政府部门职能整合与流程再造，打破部门分割，强化协同合力。坚持顶层设计与地方探索相结合，完善央地、省地、部门间常态化协调机制，加强沟通协作和相关政策衔接。在推进重大改革举措过程中，尤其要加强顶层设计，全流程梳理改革逻辑链条、设计改革事项、集成改革举措，形成同步联动改革的责任链、措施链。推动各部门改革开放事项优先在自贸试验区先行先试，推动开展系统集成创新，避免碎片化赋权。进一步完善企业从市场准入到退出全链条改革，积极探索适应服务贸易发展的跨部门统筹协调管理体制、便利化机制和监管模式，着力推进多式联运的标准制定、平台建设、体制理顺、监管创新。加快构建开放创新与防范风险并重的金融服务体系。加强自贸试验区立法建设与相关法律立改废释的衔接。

（九）区域协同发展提升行动

充分发挥自贸试验区引领示范作用，提升省内外协同发展水平，更好促进区域协调发展。推动构建全省制度创新协同机制、基础设施共享机制、合作区收益共享机制。加强自贸试验区等开放平台产业规划、产业政策、产业生态链的协同互动，强化功能关联，推动产业优势互补、错位发展。建立健全区内外企业产业联动机制和政策措施，鼓励发展区内外企业产业跨区域协同创新、供应链协作。与各地自贸试验区建立常态化联系机制，通过规则共探、通道共建、产业共育、平台共享、市场共拓，深化协同合作发展。探索政府引导、企业参与、优势互补、园区共建、利益共享的"飞地经济"合作，推进产业发展动能从东部向中西部高效转移。全方位推进黄河领域合作，加快建设与黄河流域省区一体化开放发展的联动机制，促进产业合作和贸易物流互联互通。加强与京津冀、长三角、长江经济带、粤港澳大湾区深度对接、协同创新发展。

附 录
FULU

一、2023 年中国（河南）自由贸易试验区大事记

2023 年 1 月 5 日　河南省省长、自贸试验区建设领导小组组长王凯主持召开领导小组第四次会议，讨论并原则同意省商务厅起草的《中国（河南）自由贸易试验区 2.0 版建设实施方案》及 5 个专项方案，对下步工作作出安排部署。

2023 年 1 月 12 日　河南自由贸易试验区郑州片区人民法院、河南省金融消费权益保护协会联合设立的金融纠纷调解中心揭牌成立。

2023 年 1 月 12 日　郑州商品交易所菜籽油、菜籽粕、花生期货及期权作为境内特定品种正式引入境外交易者参与交易，标志着我国油脂油料期货市场实现了一体化对外开放。

2023 年 1 月 15 日　开封片区管委会受中国驻阿联酋大使馆、中国驻迪拜总领事馆邀请，组织企业搭建"欢乐春节"非遗专题展厅，参加 2023 迪拜"欢乐春节"大巡游活动。

2023 年 2 月 7 日　河南省副省长张敏到郑州片区调研，主持召开座谈会。

2023 年 2 月 8 日　开封片区的河南中日（开封）国际合作产业园获批河南省第一批国际合作园区。

2023 年 2 月 10 日　开封综合保税区顺利通过海关总署、国家发展改革委、财政部、自然资源部、商务部、国家税务总局、外汇管理局等 7 部委组成的国家联合验收组的验收。

2023 年 2 月　省发展改革委印发实施了《河南省中欧班列"五统一"管理办法（试行）》，推动中欧班列"五统一"常态化运行，强化中欧班列（中豫号）国际物流通道枢纽作用。

2023 年 2 月 15 日　联合保利（厦门）国际拍卖有限公司在开封片区中国

（河南）国际艺术品保税仓举办 2023 开封书画精品拍卖会，拍卖书法、字画、瓷器、茗品佳酿等 200 余件，成交总额 3000 余万元。

2023 年 2 月 20 日　郑州—莫斯科 TIR 跨境公路货运线路正式开通，在国内率先实现 TIR 跨境公路双向往返运输。

2023 年 2 月 23 日　河南省政府印发《中国（河南）自由贸易试验区 2.0 版建设实施方案》，明确 2023—2025 年 6 个方面 52 项任务。

2023 年 3 月 1 日　郑州片区移民事务服务中心启用，外国人居留许可等高频事项"一窗办理"。

2023 年 3 月 10 日　河南自贸试验区建设领导小组印发《中国（河南）自由贸易试验区 2.0 版建设专项方案》，明确政务、监管、金融、法律、多式联运等 5 个专项 2.0 版发展目标、建设任务。

2023 年 4 月 24 日　河南自贸试验区建设领导小组印发《河南省复制推广自贸试验区制度创新成果试行办法》。

2023 年 4 月 27 日　省交通运输厅联合省市场监督管理局印发《货物多式联运服务合同（示范文本)》，是全国首个货物多式联运服务合同（示范文本)，有利于形成多式联运全程服务理念、规则和交易模式。

2023 年 5 月 17 日　河南民航发展投资集团有限公司领投的河南省首支 QFLP 基金试点获省发展改革委批复；河南民航产业基金管理有限公司同日获批成为河南首家 QFLP 基金管理人试点。

2023 年 5 月 18 日　中检·河南自贸试验区艺术品鉴定中心联合中国检验认证集团成功举办中国检验认证集团文化艺术品唯一性认证专场鉴定活动，鉴定文化艺术品 200 余件。

2023 年 5 月 30 日　河南省自贸办联合人民银行河南省分行、河南自贸试验区郑州片区管委会举行首场自贸创新沙龙，省内多家离岸贸易企业、银行机构、郑州商品交易所、智库机构参加研讨。

2023 年 7 月 10 日　河南自贸试验区"航空货运电子信息化"入选全国第七批改革试点经验，国务院印发推广。

2023 年 7 月 18—19 日　组织开展中央媒体自贸行活动。

2023 年 8 月 4 日　第三届中国自由贸易试验区发展论坛在郑州成功举办，全国各自贸试验区及片区负责同志，世界自由区组织、智利伊基克自贸区负责人以及相关行业协会企业代表、智库专家等 400 多人参会，交流自贸经验，深化互学互鉴，21 家中央和省主流媒体参会报道。

2023 年 8 月 11 日　郑州机场国际快件中心正式运营，有效解决国际快件、跨境电商业务快速发展对场地需求增加的问题。

2023 年 8 月 23 日　中国民用航空局与卢森堡民航局签署谅解备忘录，卢森堡货航增加郑州和日本小松，郑州和南亚之间的第五航权，扩大卢货航经郑州至美国的第五航权额度和覆盖范围。

2023 年 10 月 13 日　郑州海关首创"通关模式智选菜单"，获得海关总署备案肯定。

2023 年 10 月 16 日　郑州海关和匈牙利机场海关开展点对点合作，纳入《中匈海关保障供应链互联互通合作备忘录》。

2023 年 10 月 27 日　河南省版权登记平台正式授权开封片区版权工作站启动。

2023 年 10 月 24 日　中欧班列（中豫号）累计开行突破一万列，开行总量居全国前三。

2023 年 11 月 20 日　开封片区《构建对外文化贸易服务新体系　打造文化贸易新高地》等 2 项案例入选国家文化出口基地第三批创新实践案例。

2023 年 12 月 21 日　公安部副部长、国家移民管理局局长许甘露到郑州片区综合服务中心移民事务中心调研，强调持续深化移民管理服务改革，主动服务促进高水平对外开放。

2023 年 12 月 25 日　河南省政府批复同意在郑州、开封、洛阳、新乡、焦作、许昌、三门峡、南阳市和济源示范区、航空港区设立中国（河南）自由贸易试验区联动创新区。

2023 年 12 月 25 日　省政府办公厅印发《河南省加快实施物流拉动打造枢纽经济优势三年行动计划（2023—2025 年)》，实施郑州新郑国际机场航空货运三年倍增行动，提速发展国际物流。

2023 年 12 月 28 日 河南自贸试验区工作办公室、河南省委深改办联合印发《河南自贸试验区第五批最佳实践案例》，15 项创新案例在全省推广。

二、2023 年河南有关自贸试验区的文件目录

2023 年 2 月 省政府出台《中国（河南）自由贸易试验区 2.0 版建设实施方案》（豫政〔2023〕12 号）

2023 年 3 月 省自贸试验区建设领导小组出台《中国（河南）自由贸易试验区政务、监管、金融、法律、多式联运服务体系 2.0 版建设专项方案》（豫自贸组〔2023〕1 号）

2023 年 4 月 省自贸试验区建设领导小组出台《河南省复制推广自贸试验区制度创新成果试行办法》（豫自贸组〔2023〕2 号）

2023 年 4 月 省市场监管局、省商务厅出台《关于在中国（河南）自由贸易试验区强化公平竞争政策实施的意见》（豫市监〔2023〕23 号）

2023 年 12 月 省自贸办、省委改革办印发《河南自贸试验区第五批最佳实践案例》（豫自贸工作办〔2023〕2 号）

2023 年 12 月 河南省人民政府印发《河南省人民政府关于设立中国（河南）自由贸易试验区联动创新区的批复》（豫政文〔2023〕188 号）

2023 年 12 月 河南省市场监督管理局办公室关于深入推进自贸试验区建设开展制度创新试点工作的通知（豫市监办〔2023〕167 号）

三、2023 年中国（河南）自由贸易试验区重要制度创新成果

1. "通关模式智选菜单"应用

郑州海关首创"通关模式智选菜单"，对企业通关物流组合申报进行智能匹配，实现从传统报关模式向"企业填报需求、系统自动推荐"模式转型，助力企业最大化享受政策红利。郑州铁路口岸 20% 报关单为中小企业依托该系统自主申报，共 448 家企业应用 6492 次，其中 90% 以上为中小企业。

2. "区港一体化" 管理模式

郑州新郑综合保税区与新郑国际机场设立"区港一体化"卡口，整合综合保税区和机场卡口功能，货物通过卡口无感放行。空运出境货物在综合保税区内前置安检打板，综合保税区海关一次查验。进境货物时企业选择在机场或综合保税区查验，未抽中货物经区港一体化卡口流转综合保税区内开展业务。实施空运出境货物直放直装、进境货物一站直达模式，实现"一次申报、一次理货、一次查验、一次放行"，通关时效提升 60% 以上，企业运输成本降低 50% 以上，促进区港一体化融合发展。

3. 跨境电商零售进口药品协同监管模式

国务院批复河南开展跨境电商零售进口药品试点，海关、药监部门在全国首创跨境电商零售进口药品协同监管模式，创新试点企业备案、试点目录准入、专用账册管理等，制定《试点目录进口药品品规确认单》，药监部门履行质量监管职责，"一线"进入海关特殊监管区域免予提交进口药品通关单。制定《跨境电商零售进口药品试点协同监管办法（试行）》，从试点企业管理、通关监管、质量管理、实货监管、后续处置等六个方面明确对药品试点全业务流程监管要求。在河南国际贸易"单一窗口"新增试点企业管理、试点药品品规确认单申报管理、海关与药监部门监管信息交互等功能模块，企业数据一站申报、多部门交互共享。此改革打通了跨境电商零售进口药品通关监管业务流程，成功验证了药品试点监管可行性，惠及药品消费者，顺利完成国家试点任务。

4. 集成创新推进数据流通交易

郑州数据交易中心建设数据要素综合服务平台，实现"产品登记、在线交易、在线交付、交易监管"全流程服务。完善数据要素流通和交易制度，率先出台职业数据经纪人管理办法，明确经纪人的准入、提升、执业和退出管理。出台场外交易备案管理办法，建立数据资产市场化定价模式，推进数据交易全链条集成创新。截至 2023 年年底，挂牌数据资源和上架数据服务 1092 件，解决流通场景需求 100 余种，完成数据交易 365 笔、交易额 6.3 亿元，涵盖通信、电力、交通、气象、金融等多个领域。

5. 涉企服务"三免一全"

郑州片区金水区块为科技企业提供从注册到成长壮大全生命周期服务，实现数据免报即清、政策免查即至、奖励免申即享，形成企业全息画像（即"三免一全"），有效解决企业同一数据向多个部门重复填报、政策不直达、奖励申报程序繁多、兑现慢等难题。截至 2023 年年底，累计为科技企业发放各类奖补资金 3346 万元，奖励兑付"一趟不跑""一面不见"，时间从 60 天缩短至最快 7 天。

6. 构建"金枫讼爽"诉源治理模式

郑州片区人民法院探索"金枫讼爽"金融案件全流程办理新机制，"金"指各类金融纠纷，"枫"指发扬新时代"枫桥经验"，"讼"指立调裁审执访"流水线"式一体化办案模式，"爽"指办案实现政治效果、社会效果、法律效果有机统一，有效解决金融案件存量大、调解率低、审理周期长等问题，推动金融纠纷多元化解和金融审判创新发展，促进审判体系和审判能力现代化。2023 年，金融案件结案率 98.35%、服判息诉率 98.54%、线上调解率 60.28%、电子送达率 99.75%，均优于全省同类案件水平。案均审理天数 19.76 天，比全省同类案件平均审理天数缩短 3.11 天。

7. 优化期货市场标准仓单登记查询服务

郑州商品交易所扩大标准仓单查询权限，期货市场客户不仅可直接查询自己的标准仓单登记信息，经其他客户授权后还可查询授权客户的标准仓单登记信息。对社会用户开放标准仓单查询权限，输入品种名称、仓库名称、仓房代码、垛位代码 4 项检索条件，社会用户可撞库查询是否存在已登记的标准仓单货物，查询结果仅显示"有"或"无"。通过查询，有利于防范融资和贸易风险，在仓单确权案件中为司法审判提供确权依据。

8. 创新跨境电商企业所得税核定征收实施路径

郑州片区金水区块打通跨境电商企业所得税核定征收落地路径，创新"区内注册、区外运营"集群注册方式，设立跨境电商线上产业园，外地跨境电商企业无须实际经营场所，以企业住所托管地址注册登记股权关联公司。创新备案机制，为新设企业出具与外地跨境电商企业的股权关系证明，海关部门凭此证明为新设企业办理海外仓备案。外综服平台以企业名义报关、结汇、报税，留存各环节业务数据，为税务监管提供透明可追溯的基础数据。跨境电商企业按季度向税务部门申报销售额，年终汇缴时税务部门按照4%应税所得率核定征收企业所得税。截至2023年年底，近15家企业实现所得税核定征收，纳税计算方便直观，企业缴税更加自觉主动，也降低了税务部门征管难度。

9. 中欧班列智慧场站管理

经开区块开发中欧班列（郑州）集结中心智慧场站管理系统，车队在车辆抵达场站前，线上预约，自动生成运抵报告，货主线上预约海关查验，集装箱分类管理，形成"提前报关+无纸化调拨+信息共享+查验协同"模式。集装箱布控信息在海关、场站和企业间传递，避免多次重复吊装翻箱，作业效率大幅提升，物流成本降低30%以上。

10. 个体工商户集中地登记模式

开封片区制定《入驻集中地个体工商户管理办法》，建立个体工商户集中地服务机构审查、备案、退出机制，实施动态管理。选取合适的固定场所及专业管理服务机构，设立个体工商户集中地，备案有效期1年，对管理不善的集中地服务机构予以惩处加强集中地管理，引导个体工商户合规经营，提供法律、会计、税务等特色服务。此改革有效降低个体人员创业成本，解决缺少经营场所等问题，促进个体工商户集聚发展。

11. 退引结合盘活低效用地

洛阳片区深化"亩均论英雄"改革，明确低效工业用地认定标准、认定程序、处置方式和引导政策。出台企业分类综合评价实施方案，设立亩均税收、亩均利润、研发投入强度、单位能耗总产值、单位污染排放税收等5项评价指标，根据评价结果按照做大做强、改造提升、实施整改等分类推进。2023年，盘活利用低效用地15宗1966亩，启动4个老旧工业区块改造项目建设，中航光电高端互连科技项目、人工智能智荟产业园、洛钼全球中心等重大项目落地，推动产业发展高端化绿色化。

12. 政务服务"一件事一次办""综合窗口"改革

洛阳片区试行政务服务"一件事一次办""综合窗口"改革，设立企业开办综合窗口，打通市场监管、税务、公安、银行、社保、医保、公积金等数据通道，实现企业开办"一网办理、一窗办结、一次办妥"。设立"不动产+公积金"综合服务专区，实现契税申报、维修基金缴存、不动产权证审核签发、公积金缴存提取等"一窗办结"。设立工程建设项目综合审批专区，提供工程建设领域 57 项审批事项"一站式"办理。改革后，大厅服务窗口由 80 个压缩至 55 个，企业办事由"一事跑多窗"变"一窗办多事"，材料由"反复提交"变"共享获取"，审批材料减少 40%，平均办理时长减少 50%。

13. 创新技术"能力交易"探索科技成果转化新模式

郑州技术交易市场创新"技术能力交易"新模式，建立"技术能力清单库"，围绕新材料、生物医药、先进制造等重点产业，梳理团队人才、科研项目、知识产权等 600 多项信息。建立"技术需求清单库"，梳理规模以上工业企业真实技术需求 1100 多项。通过检索核心指标及关键词，双向智能匹配"能力清单"和"需求清单"。2023 年，实现 72 个项目精准匹配，其中 19 个项目达成技术能力交易，促进产研深度融合。

14. 中试熟化链条创新

洛阳片区推动清洛基地等中试平台参股科技成果孵化器，推出中试基地服务清单、熟化科技成果清单和市场主体技术需求清单，促进技术需求、成果、中试服务精准对接。国有资本设立洛阳制造业高质量发展基金、智能装备产业投资基金等，引流社会资本 50 亿元，加速中试熟化成果项目化、产业化。出台中试基地绩效考核评价办法，细化量化考核指标，将考核评价结果作为政府支持资金分配和晋级摘牌的依据。目前累计服务 1300 余家企业，开展中试项目 1418 项，转化成果 587 项，技术合同成交额 16.56 亿元。

15. "外综服+跨境电商"进口押汇模式

开封片区探索"外综服+跨境电商"进口押汇模式，跨境电商企业委托外综服企业与外商签订进口合同，向银行申请开立信用证，外商收到信用证后发货。银行收到货运提单后审单，外综服企业办理押汇后，银行向外商支付货款。外综服企业通过"1210 保税跨境电商进口"模式将商品进口至开封综合保税区内。电商企业销售商品后向外综服企业支付货款；押汇到期时，外综服企业向银行支付本金和利息。此改革减轻跨境电商企业资金占压，缓解资金链压力，有利于扩大业务规模。

后　记

　　《中国（河南）自由贸易试验区发展报告（2024）》是了解河南自贸试验区建设情况的重要报告。报告在中国（河南）自由贸易试验区工作办公室指导下，由河南财经政法大学中国（河南）自由贸易试验区研究院组织编写。

　　本报告从 2024 年 4 月开始收集资料、整理数据，用 3 个多月的时间完成 10 余万字的报告实属不易，许多人员为此付出了艰辛劳动。河南省商务厅王军副厅长、商务部政研室陈凯杰副主任、河南财经政法大学司林胜校长对报告给予了全局性的指导和大力支持。南开大学跨国公司研究中心葛顺奇教授，省自贸办制度创新处张峰处长、发展处李祥卿处长，河南财经政法大学中国（河南）自由贸易试验区研究院执行院长郭宏教授多次会商，合作设计完成了报告架构。中国社会科学院亚太与全球战略研究院院长李向阳研究员提出了许多有价值的建议。郑州片区管委会朱召龙副主任、开封片区管委会李战军副主任、洛阳片区自贸中心杨艳敏主任对书稿进行了勘误和完善。河南省自贸办和郑州、开封、洛阳三个片区管委会为本报告提供了大量资料和数据，并提出了多方面的指导和建议。《报告》还得到中国国际贸易学会自贸区港专业委员会的大力支持。在此，表示诚挚谢意。

　　各部分撰稿分工如下：第一部分、第二部分由孙春艳编写；第三部分由任爱莲编写；第四部分由郭宏编写；附录由杨多多（河南对外经济贸易职业学院）编写；伦蕊、关乾伟、李川川（对外经济贸易大学）、张嘉斐、梁洪有、李雯鸽（河南对外经济贸易职业学院）、杨东方（洛阳片区）、全如琼、王豪、杨新凤、杨兵、郭佳宁、王浩、叶启明、雷蕾、张天笑及我校翁缘、刘庆、崔灿等同学负责资料收集和整理，并参与初稿编写工作。郭宏负责最后通稿。

中国商务出版社副总编辑赵桂茹、主任李自满、执行编辑莫亦菲为报告的出版付出了巨大努力，谨致谢意。由于时间紧迫，经验不足，本报告如有疏漏之处，敬请谅解。

编　者

2024 年 8 月 23 日